효사상의 함양과 세계화를 위해 65개 국에 배포

한글판   영문판

권혁승 백교문학회 회장 편저 | 신국판 | 한글판 320쪽 | 16,000원 | 영문판 330쪽 | 20,000원 | 문의 010-2499-0059

부모님의 사랑을 깨닫고 효를 실천하는 세상을 만들자.

『세상의 빛, 어머니 사랑』은 효를 주제로 한 글 모음집이다. 날로 희미해져가고 있는 우리나라 젊은이들에게 효친사상을 일깨워주고 한국의 효사상을 세계에 널리 알려 한국인의 도덕적 자긍심을 높이는 한편 국격을 고양하려는 취지로 발간했다.

한글판은 국내 200여개 도서관에 비치했고, 영문판은 세계 65개국 130개 도서관에 비치, 열람토록 했으며 아울러 세계 80개국 IOC위원 114명에게도 전달, 한국의 효사상이 올림픽 정신과 함께 가족사랑 정신을 일깨워 인류문화발전에 기여하게 될 것이다. 한국의 효사상이 세계로 널리 퍼지면 우리의 문화영토도 그 만큼 넓어지게 된다. 효사상 세계화 운동이 꽃피우면 지구촌은 효의 낙원이 돼 한국은 세계인의 가슴에 효의 나라로 오래오래 기억되고 빛을 발휘할 것으로 기대한다.

CONTENTS

思親文學
2016 / 창간호

■ 편집고문
김후란　이태동　정종명
문효치　엄창섭　윤국병

■ 편집위원 및 자문위원
김경미　김기덕　김부조
김성태　김순덕　김영렬
김영미　김옥란　김진동
김진무　김진상　김형미
박성규　박용래　신중식
염돈호　이광식　이부녀
이옥경　이충희　정철교
조숙자　조영수　최무규
최봉순　한기호　홍승자

■ 題字 : 권혁승(백교문학회 회장)
■ 표지 그림 : 사모정공원에
　　　　　　 세워진 모자상(母子像)

창간사
018　권혁승 _ 『思親文學』 그 새로운 첫걸음

축하의 글
022　조　순 _ 『思親文學』 창간을 축하합니다

창간 축시
025　김후란 _ 참으로 깊어라 부모님 가슴은

축하의 글
027　이근배 _ 냉이꽃 어머니 생각
031　문효치 _ 孝에 대한 생각

시 1 - 향기
036　감태준 _ 사모곡
037　강우식 _ 효자 지게
039　권용태 _ 사모곡
041　나태주 _ 아버지를 찾습니다
043　신달자 _ 어머니의 땅
044　엄기원 _ 어머니의 된장찌개
046　이건청 _ 산양
047　이길원 _ 아버지는 이 산하의 강물이었다
048　이충희 _ 어머니의 현금출납고
049　조영수 _ 바람 바람 바람
050　최금녀 _ 할머니의 한글

수필 1 - 씨앗
054　안　영 _ 사임당과 율곡 - 대물림 되는 효
059　윤국병 _ 사모정과 사친문학
064　이순원 _ 신사임당길을 걸으며
070　이영춘 _ 부를 때마다 목메는 그 이름, 어머니
075　이태동 _ 이방인의 슬픔
080　정종명 _ 아버지와 이야기책
085　지연희 _ 열리지 않는 문
089　최명희 _ 효가 희망입니다
093　최무규 _ 세계 속의 사모정(思母亭)공원

효문화 — 얼
- 100 홍일식 _ 孝와 사랑으로 가정의 복원부터
- 107 임철순 _ 어버이의 행장 기록하기
- 110 김종두 _ 효의 길, 사람의 길, 행복의 길
- 116 박승현 _ 따뜻한 마음과 효 문화

시 2 — 그리움
- 124 권석순 _ 어머니
- 125 권정남 _ 바라춤을 추고 싶다
- 127 권혁승 _ 고향길
- 128 김경미 _ 봄 편지
- 130 김기덕 _ 사모곡(思母曲)
- 134 김진상 _ 어버이 사랑
- 136 김혜경 _ 광릉요강꽃
- 137 박용래 _ 헛기침
- 139 이무권 _ 아버지
- 141 이부녀 _ 늙은 어머니의 유모차
- 143 조영웅 _ 어머니, 지금 곁에 안 계시지만
- 145 허대영 _ 어머니
- 147 홍승자 _ 풋김치

수필 2 — 사랑 그 아름다움
- 150 김승웅 _ 동란 중에 체험한 모정(母情)
- 157 김중석 _ 엄마
- 162 김진무 _ 어머니의 낙원
- 167 김학순 _ 나의 효 이야기
- 171 박성규 _ 그리움은 강이 되어 흐르고
- 175 이광식 _ 사친시를 감상하다가
- 178 이희종 _ 모정(母情), "내 죽어서 한 마리 새가 되어…"
- 183 정철교 _ 효사상의 세계화
- 187 조숙자 _ 아버지 냄새
- 192 조중근 _ 한 마리 나비되어
- 197 최종수 _ 어머니

다시 읽고 싶은 글 — 울림
- 204 김동길 _ 어머님께 드립니다

문학기행 — 바람
- 220 엄창섭 _ 김동명과 사친문학의 정체성
- 225 이형기 _ 동리목월문학관을 찾아서

역대 백교문학상 수상자 작품 — 시
- 244 조영민 _ 거스름돈을 받다
- 246 정성수 _ 엄마와 어머니
- 247 김부조 _ 어머니의 가방
- 249 김형미 _ 이브의 봄
- 251 이강하 _ 남매
- 253 정재돈 _ 고서(古書)
- 255 김옥란 _ 어머니가 읽는 책
- 257 이원용 _ 어머니의 모국어
- 259 윤월희 _ 뒤란에서

제7회 백교문학상 수상작품
- 298 김관식 _ 어머니의 키질
- 300 조선의 _ 주름의 변곡점
- 302 최현숙 _ 아버지의 일기
- 306 이용희 _ 초대

효사상 세계화의 발원지 사모정(思母亭)공원

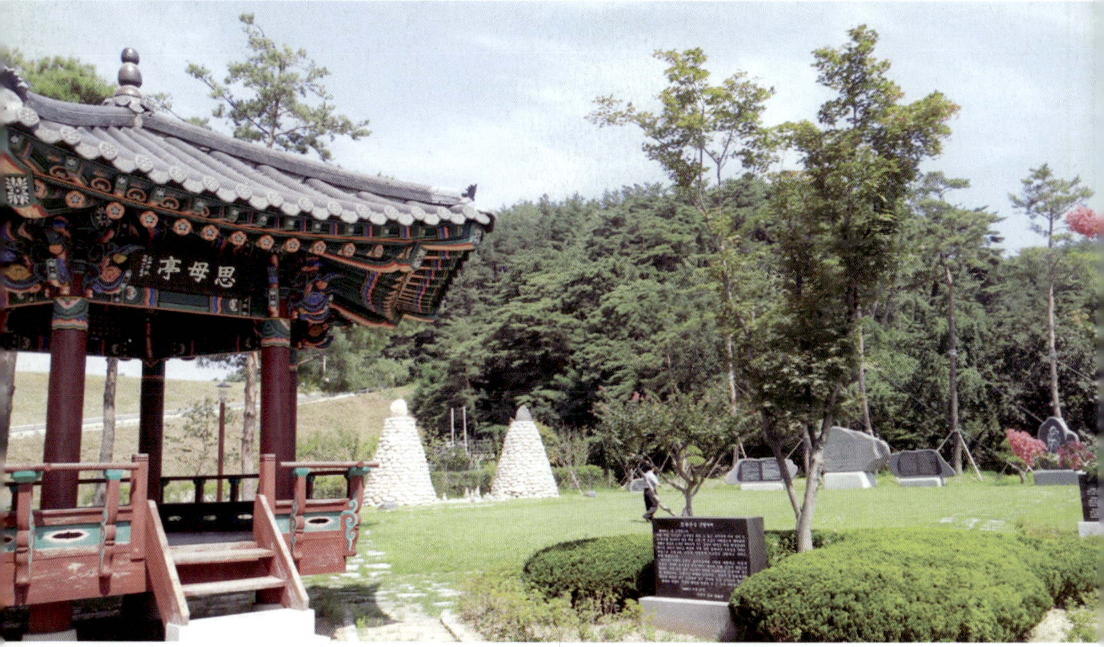

강릉 오죽헌 윗마을 핸다리마을에 세워진 사모정공원

권순형 전 대한민국예술원 회장의 도예작품이 눈길을 끈다.

사모정공원에 배롱나무가 꽃을 피워 아름답다.

'사친문학의 요람'이라고 쓰인 비석이 서 있다.

'효사상 세계화의 발원지'— 4개 국어로 된 석조물

사모정공원 뒤뜰에 세워진 '효사상 세계화의 발원지—효향 강릉'이라고 새긴 대형 오석 석조물

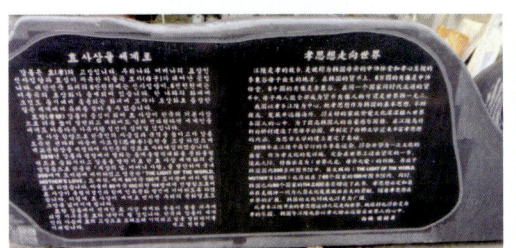

한글과 중국어로 된 석조물

영어와 일본어로 된 석조물

아들이 아버지를 업고 있는 형상의 '孝'자

소설 『영원한 달빛, 신사임당』(안영 지음)의 한 대목을 새긴 비석

어머니의 사랑을 느끼게 하는 모자상(母子像)

사모정공원 뒤뜰에 세운 모자상.
아기를 업고 있는 모자상은 보는 이에게
어머니의 자애롭고 무한한
자식 사랑을 느끼게 한다.

사모정공원 확장공사에 동원된 중장비

사모정공원에 모자상을 설치하고 있다.

확장한 사모정공원에 잔디를 심고 있다.

'효사상 세계화의 발원지' 석조물과 모자상

어버이 은혜 생각케 하는 '모정의 탑' '효심의 탑'

사모정공원에 쌓은 '모정의 탑'과 '효심의 탑' 앞에 서면 부모님이 그리워진다.

'모정의 탑' '효심의 탑'을 높이 쌓고자 비계를 설치했다.

기중기로 옮겨지고 있는 30톤의 대형 석조물

확장한 사모정공원에 심기 위해 대형트럭에 싣고 온 잔디

석조물을 세우기 위해 트레일러와 굴삭기 등 중장비 동원

사재(私財)로 조성한 사모정공원 강릉시에 헌정

권혁승 백교문학회 회장(좌)이 사모정공원을 강릉시에 헌정하는 헌정패를 최명희 강릉시장에게 증정하고 있다.

사모정 건축현장 앞에 선 권혁승 회장(좌)과 장형 권혁춘 씨

2008년 사모정의 완공단계 모습

사모정 건립 취지문을 새겨 넣은 건립비

권혁승 회장의 「고향길」 시비

효문학 모음집 『세상의 빛, 어머니 사랑』 출간

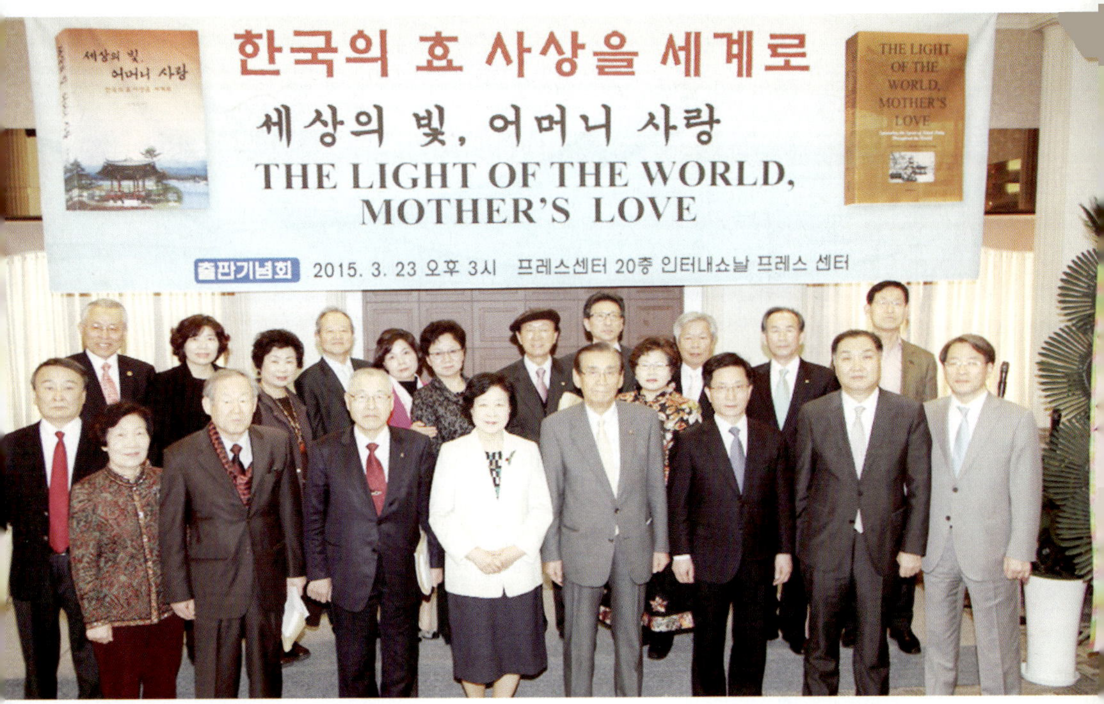

2015년 3월 27일 서울 프레스센터에서 열린 『세상의 빛, 어머니 사랑』과 영문판 『The light of the world, Mother's Love』 출판기념회에서 (우로부터)이종환 서울경제 사장, 이종승 한국일보 사장, 최명희 강릉시장, 권혁승 회장, 김후란 시인 등 문인 · 언론인이 기념촬영을 하고 있다.

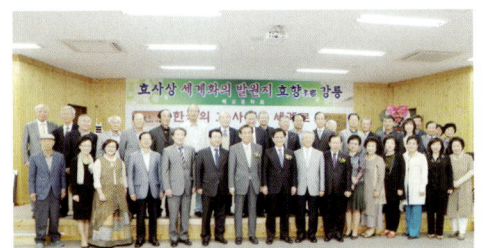

2015년 4월 28일 강릉 행복의 모루에서 열린 『세상의 빛, 어머니 사랑』 출판기념회

"효 사상으로 문화올림픽 빛낼 것"

제6회 백교문학상 시상

김영순씨 수필 대상

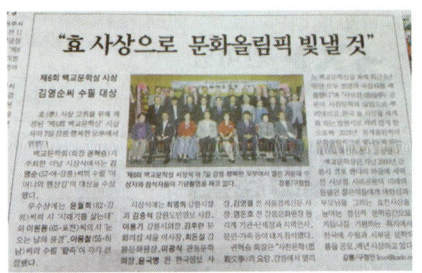

백교문학상 시상식을 보도한 신문 기사

THE KOREA TIMES

'PyeongChang Olympics is chance to let world reflect on filial piety'

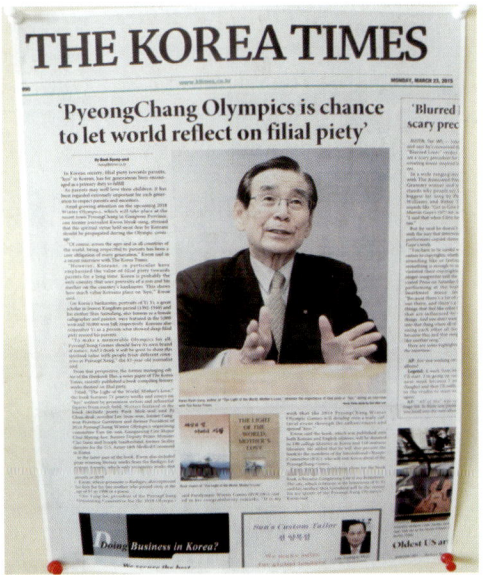

영자신문 The Korea Times가 『세상의 빛, 어머니 사랑』 출간 취지를 전면으로 크게 보도했다.

사모정공원 입구에 세운 '사친문학의 요람'비. 사친문학이 나아갈 길을 제시하는 표석이다.

『思親文學』 창간기념으로 마련한 백교문학회 문학기행단이 경주 동리목월문학관 앞에서 기념촬영을 하고 있다.

思親文學

2016 | 창간호

백교문학회

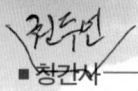

『思親文學』그 새로운 첫걸음

권 혁 승 (사)백교문화선양회 이사장

캄캄한 밤하늘에 별이 빛나고 있습니다. 칠흑같이 어두운 밤에 항로를 알려주는 북극성입니다. 세월의 바람 속에 숨고 또 숨어서 그 별을 닮고 싶었습니다.

요즘 세상은 참 많이도 어둡게 느껴집니다. 왜 그럴까? 생각하니 사람들 사이에 벽이 두껍게 쌓여있기 때문이 아닌가 합니다. 소통의 부재, 누구나 한 번쯤은 아니 거의 매일 피부로 느끼고 있을 단절의 아픔들이 있습니다. 부모와 자녀의 소통이 막히고, 형제와 자매가 불화하고…. 하루가 멀다 하고 들려오는 씁쓸한 현상입니다.

부모를 공경하는 한국인, 삼사 대가 모여 살아도 행복해 하던 대가족제도와 효는 날로 퇴색되어 이제는 어둠 속으로 사라지고 있습니다. 실로 안타까운 현실입니다.

한국인의 근본사상이자 전통사상인 효의 참 모습을 찾아보기가 하늘의 별따기처럼 어렵습니다. 이럴 때 나는 무엇을 할 수 있을까? 하고 생각하던 날들이 있었습니다.

그러던 끝에 우리의 효사상을 함양하고 세계화하기 위해서는 국민교육의 기본 방향을 바로 잡아야 하지 않을까 하는 생각이 들었습니다.

그런 생각에 고향 마을에 사모정(思母亭)공원을 건립하여 부모님을 만나는 쉼터를 만들었고, 백교문학회를 창립하고 백교문학상을 제정하여 해마다 어버이를 그리는 문학작품을 발굴하여 발표하고 그 정신을 기려왔습니다. 그리고 이제 드디어 새로운 장르인 사친문학의 토대가 될 『思親文學』지를 창간하여 효사상의 함양운동을 더욱 국내외로 알차게 펼쳐나가려고 합니다.

효는 우리의 가족사랑과 정신이 깃든 전통적인 사상이자 이념입니다. 이를 널리 알리기 위한 첫 발걸음으로 한글판 『세상의 빛, 어머니 사랑』을 만들어 국내 도서관에 배포하였고, 영문판 『The light of the world, Mother's Love』를 만들어 65개국 130여 국립도서관에 비치, 열람토록 하였습니다.

2018년 강릉평창동계올림픽대회를 계기로 IOC위원에게 배포했으며, 우리의 효사상이 올림픽 정신과 더불어 세계인에게 아름다운 가족사랑 정신을 심어주게 될 것이라 기대합니다.

세계적인 석학 아놀드 토인비는 "인류문화 발전에 한국이 기여한 것이 부모를 공경하는 한국인의 가족제도와 효사상이다. 이러한 효사상이 전 세계에 널리 전파되기를 바란다"고 설파하였습니다.

우리의 효사상을 함양하고 세계화하는데 이번에 창간되는

『思親文學』이 그 길잡이 역할을 하게 될 것입니다.

　우리나라 동시대 화폐에 신사임당과 이율곡 모자의 영정이 들어 있는 것은 전 세계에서 유례를 찾아볼 수 없는 일이며 효심이 지극했던 이 모자의 고향이 바로 효향 강릉입니다.

　올해에 사모정공원을 확장하였습니다.

　'효사상 세계화의 발원지 - 효향 강릉'이라는 대형 석조물을 우뚝 세우고 모정의 탑과 효심의 탑을 세움으로써 명실상부한 효친공원으로 다시 태어나게 되었습니다. 사모정공원이 효사상 세계화의 발원지임을 소개하는 안내문을 영어, 중국어, 일본어로 번역하여 세운 것도 세계인에게 효사상을 일깨우기 위한 것입니다.

　이제 사모정공원은 시를 읽으며 부모님을 만나고 회상하는 쉼터로, 자녀에게는 부모의 무한한 사랑을 보고 느낄 수 있는 산 교육장으로, 신혼부부에게는 아이에게 효를 교육하고 사랑으로 키우는 태교의 교실이 되고, 더 나아가 효사상을 세계인의 가슴에 심어주는 감동의 성지로 자리잡게 될 것입니다.

　2018년 강릉평창동계올림픽이 효를 알리는 문화올림픽으로 치르게 됨으로써 한국을 찾는 세계인들이 신사임당과 이율곡 모자의 영정이 들어 있는 한국 화폐를 사용하며 우리의 효사상을 가슴 깊이 새기게 될 것입니다. 이렇게 효사상이 세계화되면 우리의 문화영토도 그만큼 넓어질 것입니다.

　사모정공원에 세워진 모자상은 우리의 가슴 속에 잠자던 무수한 부모와 자식의 숨겨진 이야기를 도란거리게 합니다. 같은 그림을 보고 저마다의 부모를 기리는 자리, 그 자리가 그동안 소통의 부재로 어두웠던 마음의 막힌 담이 헐리고 부모님을 공경하는 마음이, 사랑한다 말할 수 있는 용기가 다시 생겨나 잊었던 우리 한국인의 근본인 가족사랑을 꽃피워 줄 것입니다.

이번에 창간되는 『思親文學』은 어둠 속으로 사라져가는 효 사상의 올바른 항로를 알려주는데 힘을 쏟을 것입니다.

아낌없는 격려를 바라마지 않겠습니다.

언론인, 수필가, 서예가, 한국간행물윤리위원회 위원장, 재경강릉시민회 창립 초대회장, 한국문인협회 자문위원, 백교문학회 회장, 사모정공원 건립, 백교문학상 제정, 『思親文學』 창간, 저서 : 『대통령의 경제학』, 『재벌들』, 『강릉 사람들』, 『어머니 아, 그리운 어머니』, 『대관령 옛길을 걸으며』, 『세상의 빛, 어머니 사랑』(한·영문판), 국민훈장목련장·은탑산업훈장·문화훈장동백장·동곡언론상 외 다수 수상

■ 축하의 글

『思親文學』 창간을 축하합니다

조 순 | 서울대 명예교수

  권혁승 회장은 우리나라의 저명한 언론인이며, 우리 고향 강릉이 배출한 자랑스러운 명사입니다. 권 회장은 평소 남다른 애국 애향의 정열로, 고향 후진의 지성과 덕성의 창달을 위해 진력해 왔습니다. 이번에 권 회장이 우리의 전통사상인 사친(思親)사상을 계승하여 전국적으로, 나아가서는 세계적으로 발전시키기 위하여 연간 문학지 『思親文學』을 창간하게 된 것은 획기적인 일입니다. 세상에 간행물은 많지만, 효사상을 부추기는 목적을 가진 문학지는 거의 보지 못했습니다. 역시 강릉이구나 하는 뿌듯한 느낌입니다. 충심으로 축하의 뜻을 표하고, 이 문학지가 빛나는 성공을 거둘 것을 기원해 마지않습니다.

  다 아시는 바와 같이 사친사상은 우리나라 학문과 교육의 기본을 이루는 사상입니다. 강릉의 우리 선조들은 이 사상을 받들어 실천함으로써, 이 고장을 전국적으로 유명한 문향(文鄕), 예향(禮鄕)으로 육성하였습니다. 우리 고향은 그 전통 속에서 많은 훌륭한 인물을 배출하였습니다.

강릉은 우리나라 어머니의 상징인 신사임당과 학문과 경세(經世)의 사표(師表)인 이율곡 선생의 고향입니다. 이 모자의 찬란한 예술과 학문은 우리 고장의 영원한 자랑이자, 우리나라의 정신적 도표입니다. 사임당의「사친시(思親詩)」와 율곡 선생의 '선비행장(先妣行狀)'에 나타나는 두 분의 지극한 효성은 거의 500년이 지난 오늘에도 우리의 가슴을 울립니다.「사친시」의 운율(韻律)은 어머니를 사모하는 따님의 정성을 담았기에 우리의 감동을 자아내고, '선비행장'의 문장은 돌아가신 어머니의 모습을 그리는 아들의 경건(敬虔)한 마음이, 글의 행간(行間)에 흐르는 담담한 향기처럼 우리의 마음을 울리는 것입니다.

예술이나 학술도 궁극적으로는 문채(文彩)에 못지않게 성정(性情)의 순수성이 중요하지 않을까 생각합니다. 부디『思親文學』에 실리는 시문도 순수한 성정을 담은, 겉으로 들어나지 않는 명문(名文)이기를 바랍니다. 문채가 중요하지 않다는 말은 전혀 아닙니다.

지금 우리가 일상 쓰는 말에는 너무 거친 표현이 많습니다. 사람의 품격이 낮으면 쓰는 말이 거칠지 않을 수 없습니다. 여러분은 한편으로는 좋은 시와 산문을 잘 쓰고, 다른 한편으로는 마음과 행동이 남의 모범이 되도록 힘쓰기 바랍니다.

지난 세월을 회고하면, 우리나라는 정신문화적으로는 오히려 후퇴하는 감이 있습니다. 우리의 가족제도는 이제 산산조각이 나서, 거의 그 원형을 찾을 수 없게 되었습니다. 효제(孝悌)의 관념을 중심으로 다져진 따뜻하고 즐거운 가족생활은 많이 퇴색했습니다. 할아버지 할머니는 가족이 아닌 지 오래되었습니다. 부모와 자녀 사이의 거리도 멀어지고 있습니다. 거의 원수처럼 된 경우도 흔히 있고, 심지어는 부모가 어린 자녀를 학대하다 못해 살해하는 기막힌 사건도 보도되고 있습니다.

사람들은 경제의 성장 동력의 약화, 대형 부실기업의 구조조정, 총선 후의 정치와 사회의 행방 등을 걱정합니다만, 이런 것들은 국민정신의 쇠퇴에 비하면 아무것도 아닙니다. 정신이 쇠약한 젊은이들이 '3포'니 '5포'니 하면서 절망하는 것이 가장 가슴 아픈 일입니다. 이 모든 것은 지난 세월 우리 기성세대가 제 역할을 하지 못한 업보(業報)입니다. 염치없는 소리지만, 여러분 젊은 세대는 알뜰한 청춘을 허송하지 말기를 바랍니다. 기성세대의 전철(前轍)을 밟지 말기를 기원합니다.

이런 어려운 시대를 살면서 쇠퇴하는 우리의 정신문화를 사친사상의 창달로 극복하려는 권혁승 회장의 높은 의기(意氣)에 재삼(再三) 감사와 격려의 말씀을 드립니다. 그 의기는 마치 칠흑(漆黑)처럼 캄캄한 세상을 비추는 한 줄기 빛과 같은 것입니다. 부디 좋은 성과를 거두어서, 고향을 빛내고 세상을 굳건히 지켜주기 바랍니다.

경제학박사, 서울대 경제학과 교수·부총리 겸 경제기획원 장관·한국은행 총재·서울특별시 시장·국회의원 역임, 현 대한민국학술원 회원, 한국고전번역원 원장, 바른경제동인회 회장, 한국국제경제학회 회장, 저서 : 『경제학원론』, 『한국경제의 현실과 진로』, 『창조와 파괴』 외. 수상 : 국민훈장무궁화장, 다산경제학상 외 다수

■ 창간 축시

참으로 깊어라 부모님 가슴은

김 후 란 | 시인, 문학의집 서울 이사장

어머니 어머니
아버지 아버지
세상에서 가장 큰 그 이름
불러도 불러도 정겨운 그 이름

나는 어느 별에서 왔을까
신비하여라 우리들의 만남은
소중하여라 우리들의 인연은
순수의 불꽃으로 빛나는 곳에서
가족이라는 굴레로 보호받으며
끝없는 사랑 속에 살았네

참으로 깊어라 부모님 가슴은
스스로 일어나라 엄히 다스리다가도
아픈 상처 나대신 울어주시며

거친 바람 천둥 번개
찢기는 이 세상 헤쳐가는 길에
몸 던져 바람막이 되어주셨네

시간은 잔인하여라
흐르는 강물에 옷자락 적시며
달빛 따라 떠나간 길
뒤늦게 철이 들어 효도하려 해도
후회와 아쉬움뿐
말없는 눈물의 강이네

아, 어쩌나 그리움의 물결은
이처럼 파도치는데
한번 가시면 다시 만날 수 없네
다시는 그 손 잡을 수 없네.

대한민국예술원 회원, 한국여성문학인회 회장 역임, 국제펜클럽 한국본부 · 한국문인협회 고문, 백교문학회 고문, 저서 : 시집 『따뜻한 가족』, 『새벽, 창을 열다』, 『비밀의 숲』 등 12권, 수필집 다수, 한국문학상 · 한국시인협회상 · 펜문학상 등 수상

■ 축하의 글

냉이꽃 어머니 생각

이 근 배 | 시인, 대한민국예술원 부회장

> 어머니가 매던 김 밭의
> 어머니가 흘린 땀이 자라서
> 꽃이 된 것아
> 너는 사상을 모른다
> 어머니가 사상가의 아내가 되어서
> 잠 못 드는 평생인 것을 모른다

나의 시 「냉이꽃」의 첫머리입니다. 소설가 이청준은 "어머니라는 말만 들어도 눈물이 난다"고 했습니다. 하늘에 머리를 둔 사람일진대 우주만큼이나 끝없이 넓은 어머니의 사랑에 가슴 저리고 눈물겨워하지 않는 이가 어디 있을까마는 나는 "눈물이 난다"는 말조차 함부로 입 밖에 낼 수 없는 천둥벌거숭이로 살아왔습니다.

저 나라를 빼앗긴 강점기의 억압과 굴종을 겪고 이어 광복, 분단, 전쟁의 소용돌이 속을 헤쳐온 우리네 어버이 어느 누군들 견딜 수 없는 시련과 고통을 겪지 않았을까마는 앞의 「냉이꽃」에서 내비쳤듯이 내가 태어나기 전부터 아버지는 일제에 항거하다가 3년이나 감옥살이를 하는 등 가정을 팽개친 탓에 면암(勉庵) 최익현(崔益鉉)의 문하생으로 조선 유림을 이끌던 장후재(張厚載) 학사(學士)의 셋째 딸로 시집 온 어머니는 지아비 옥바라지에 한숨 마를 날 없었습니다. 아버지가 겨우 마음을 접고 할아버지 댁으로 들어와 농사일을 시작하려는데 갑자기 육이오 전쟁이 일어나 아버지는 집을 떠난 후 소식이 끊겼고 어린 삼남매를 데리고 살길이 막막한 어머니는 이른 봄부터 늦가을까지 밭에 나가 선머슴처럼 비지땀을 흘리셨습니다.

할아버지 댁은 충남 당진이었고 아버지는 어머니와 온양에 나가 살림을 꾸리셨는데 아버지가 사상범으로 쫓기는 가운데 할아버지는 너댓 살 나를 데려다 품속에 키우셨습니다. 할머니는 "너는 장학사(張學士)의 외손자요 이학자(李學者)의 손자라"고 어린 내 귀에 알아듣지 못하는 말씀을 자주 하셨는데 애비 없이 자라는 손자가 잘못된 길로 들어설까봐 가문의 법통을 잘 지키라는 가르침이었던 것이나, 당진고을을 호령하던 할아버지는 "저놈은 즈이 애비를 꼭 닮았어" 하고 나도 애비처럼 사람 노릇 하기는 틀렸다고 꾸짖으셨습니다.

그러나 그때마다 나는 속으로 "할아버지! 제가 애비를 닮았다고요. 그랬으면 오죽 좋겠습니까마는 저는 애비의 발꿈치도 못 따를 건데요"하고 꾸중을 오히려 고맙게 새겼습니다.

한번은 당대의 명필인 외삼촌이 우리집에 오셨을 때 종이와 붓을 내놓고 휘호를 청했더니 '효제야자 인지본야(孝悌也者仁之本也)'라고 공자님 말씀을 써주셨습니다. 인(仁)은 공자사상의 중심개념으로 알고 있는데 바로 효(孝)와 제(悌)가 그 근본이라는 뜻입니다. 홀로 된 어머니를 외동아들인 내가 극진히 효도하라는 뜻이겠는데 그 뜻을 몰라서가 아니고 명색이 글을 씁네 하는 '시인' 딱지를 붙이고 살면서 사람값 좀 해야겠는데 아무리 돌아보아도 내가 어머니를 모신 반세기 동안 좋은 음식, 좋은 옷, 좋은 집은 고사하고 말 한마디도 어머니의 마음을 채우는 일을 하지 못하고 살아왔습니다.

아버지에 대한 생각도 그렇습니다. 내 기억 속의 아버지 얼굴은 열 살 때 처음 뵈었고 열한 살 때 여의었으니 그 사랑을 듬뿍 받을 겨를이 없었고 비록 어머니와 우리 삼남매의 삶에 고단함을 주셨지만 국가기록원 독립운동 연표에 아버지 항목이 실려 있고 1930년대 동아일보, 조선중앙일보 등에 아버지가 주도한 항일운동 기사가 실려 있는 것을 보면서 남들이 다 누리는 그 사랑 몇 만 배를 누리고 사는 자랑을 마음속에 담고 삽니다.

대관령을 넘을 때마다 한 번씩 돌아보던 신사임당(申師任堂)의 사친시비(思親詩碑)에 새겨진 「대관령에서 친정을 돌아보며(踰大關嶺望親庭)」의 그 어버이 생각, 그 사랑을 기리기 위해 『思親文學』이 창간됩니다. 물질만능의 풍조가 인륜을 해치고 효(孝)의 정신이 날로 빛을 잃어가는 때에 이 얼마나 뜻 깊은 일인지요. 동서고금에 어버이 사랑을 시로 글로 쓰지 않은 이가 없고 우리 현대문학사만 해도 정인보의 40수 시조 「자모사(慈母詞)」를 비롯하여 명편의 사친시(思親詩)들이 하늘의 별처럼 박혀 있습니다.

어머니가 91세로 세상을 여의셨을 때 나와 시를 함께 공부한 후배 여류시인이 빈소에 와서 "냉이꽃 할머니가 돌아가셨네요"

하고 나의 졸시 「냉이꽃」속의 어머니를 추모해 주었습니다. 그러나 나는 어머니의 영전 앞에서 천만번 용서를 빌고 빌었습니다. 영전에 바친 시를 옮겨 적는 것으로 『思親文學』 창간의 큰 뜻을 기립니다.

천벌

용서하세요, 어머니
용서하세요, 용서하세요
용서하세요…,
서울 적십자병원 제4분향실
국화꽃으로 치장한 어머니의 영정 앞에서
용서하세요, 용서하세요……
천 길 낭떠러지 솟구치는 통곡 씹으며
하늘은 왜 그 번개회초리도 내려치지 않는지
용서하세요 어머니
용서하세요 어머니
어머니의 용서가
제게는 천벌입니다

충남 당진 출생, 조선·동아 등 5개 신문 신춘문예 등단, 한국시조시인협회·한국시인협회 회장 역임, 현 신성대 석좌교수, 저서 : 시집 『사랑을 연주하는 꽃나무』, 『추사를 훔치다』, 시조집 『달은 해를 물고』, 서사시집 『한강』 등 다수, 한국시협상·정지용문학상·만해대상 등 수상

■ 축하의 글

孝에 대한 생각

문 효 치 | 시인, 한국문인협회 이사장

우리나라 효사상을 기리는 『思親文學』지 창간을 축하드립니다.

효(孝)는 부모에 대한 공경을 바탕으로 한 자녀의 행위입니다. 이것은 동서고금을 막론하고 존재해 왔으며 인류의 중요한 덕목입니다. 한국에서의 효사상은 이미 고구려의 태학이나 신라의 국학에서 교육하였고 통일신라시대에는 논어와 효경을 기초로 유교적 효사상이 지식인들의 기본 교양이 되어 왔습니다. 그러나 현대사회에서는 가정이 핵가족화되면서 어른보다 자녀를 우선시하는 경향으로 바뀐 듯합니다.

요즘 신문이나 방송에서 연일 어두운 뉴스를 접하게 됩니다. 부모가 자식을 학대하고 그 부모로부터 어린 생명들이 목숨을 빼앗기는 사건들과 반대로 자식들이 나이든 부모를 학대하는 끔찍한 일들이 연일 보도되는데 참담함이 이루 말할 수 없습니다.

우리나라는 일찍이 예를 숭상해 왔으며 그 뿌리 깊은 도덕성이 이어져 내려오고 있습니다. 그러나 오늘날에는 이러한 미풍이 점점 사라져 옛것이 되어가고 있습니다. 무엇보다 시급한 일은 우리 젊은 세대들에게 인간의 본성을 되찾아 주고 사람으로서 갖추어야 할 기본 도리를 깨우쳐 주는 일일 것입니다. 효는 가정에서부터 시작되기 때문이다.

논어의 효에 관한 공자님 말씀 중에 가장 나의 마음을 끄는 구절은 바로 이인(而仁)편 18절입니다.

> 子曰 : 事父母, 幾諫, 見志不從, 又敬不違, 勞而不怨.
> 부모를 섬김에 부모님의 잘못을 말씀드릴 때는 부드럽고 완곡하게 말씀드려야 하며 듣고도 나의 간언을 받아들이지 않으시더라도 공경하고 부모님의 뜻에 거슬려서는 안 된다. 그 일이 힘들더라도 원망하지 않아야 한다.

> 子曰 : 父母在, 不遠遊, 遊必有方.
> 부모님이 살아계실 때는 멀리 나가지 않으며 불가피하게 멀리 갈 때는 반드시 어디로 가는지 말씀을 드려야 한다.

> 子曰 : 父命召 唯而不諾 食在口則吐之,
> 아버지가 부르면 머뭇거리지 말고, 즉시 대답하여야 하며 입에 먹고 있던 음식이 있다면 바로 뱉고서 대답해야 한다.

이러한 공자의 효사상이 가정에서, 학교에서, 직장에서 퍼져나가게 되면 인간의 본성을 이해하고 실천할 수 있는 의식을 자연스럽게 심어주게 되는 것입니다.

그러면서 우리의 자녀들은 자기나름의 뚜렷한 가치관을 갖게 될 것이고, 이러한 가치관을 통해 세상을 똑바로 바라볼 줄 알게 되며, 옳은 것과 그른 것, 해야 할 일과 하지 말아야 할 일을 스스로 판단하고 행동할 수 있는 진정한 어른이 될 것입니다.

　가정을 살려내야 사회가 반듯해지고 나라가 평화로워질 것입니다.

　부모에게 폐가 되지 않도록 하는 것이 효의 기본 개념인데 지금 우리 사회에선 효라는 말이 사라져가고 있습니다. 이런 위태로운 시기에 효를 바탕으로 하는 좋은 잡지 『思親文學』이 창간되니 기쁨이 말할 수 없이 큽니다. 모쪼록 어두운 이 사회를 밝게 비춰주는 진정성 있는 희망의 잡지가 되어 주기를 진심으로 바랍니다.

1966년 서울신문과 한국일보 신춘문예 당선, 저서 : 시집 『연기 속에 서서』, 『무령왕의 나무새』, 『남내리엽서』 등 100여 권, PEN문학상 · 김삿갓문학상 · 정지용문학상 · 익재문학상 등 수상, 국제PEN한국본부 이사장 역임

시 1
향기

감태준—사모곡
강우식—효자 지게
권용태—사모곡
나태주—아버지를 찾습니다
신달자—어머니의 땅
엄기원—어머니의 된장찌개
이건청—산양
이길원—아버지는 이 산하의 강물이었다
이충희—어머니의 현금출납고
조영수—바람 바람 바람
최금녀—할머니의 한글

사모곡

감 태 준

어머니는 죽어서 달이 되었다
바람에게도 가지 않고
길 밖에도 가지 않고
어머니는 달이 되어
나와 함께 긴 밤을 같이 걸었다

시인. 1972년 『월간문학』으로 등단, 중앙대 교수 및 중앙대예술대학장 역임, 현 『시인수첩』 주간, 저서 : 시집 『몸 바뀐 사람들』, 『마음이 불어가는 쪽』, 『역에서 역으로』 등, 한국시협상 · 윤동주문학상 등 수상

효자 지게

강 우 식

올해 아흔둘의 이선주씨 햇볕도 묵은 먼지 말짱 털어내는 맑고 고운 봄날 툇마루에 앉아 해바라기를 하며 속말로 금강산에 한 번 가봤으면 하고 가는 숨을 내쉬었다. 그걸 어찌 알았는지 발 없는 말이 천리를 간다지만 막내아들이 짐작하고는 워낙 연로하신지라 궁리 끝에 어릴 적 나뭇짐 지던 생각이 문득 일어 특수지게를 만들어 유람키로 했다. 체중 62킬로그램의 아버지를 지게에 지고 북측 입국 심사대에 이르렀다. 군관동무가 궁금해선지 "이게 뭐요" "아버지를 모시고 금강산 구경 가고 있습니다" 팍팍한 군관동무도 하하 웃으며 "통과하시라요" 했다. 아들은 아버지를 지게에 지고 힘들고 가파른 비탈길을 따라 천선대로, 귀면대로, 구룡폭포로 어깨에 피멍자국이 드는 줄도 모르고 오르내리며 새털구름처럼 가볍게 쏘다녔다. 모실 마음이 간절하여 하늘에 닿은 그 행보는 모든 것을 씻고 털어버린 물처럼 바람처럼 자연이었다. 어디서 이런 효자를 볼 수 있으랴. 여기 아들 이름 석 자라도 남겨야 될 거 같다. 마흔두 살 서산 사는 이군익씨다. 갸륵한 효심에 눈물이 난다.

나는 한평생 살아오면서

정말 사람으로 태어난 행복 때문에
울어 보기는 처음이다.

시인, 강원 주문진 출생, 『현대문학』 등단, 저서 : 시집 『사행시초』, 『고려의 눈보라』, 『물의 혼』, 『어머니의 물감상자』 외, 수필집 『통금 속의 사연들』 등, 『강우식 시전집』 외 다수. 현대문학상 · 한국시협상 · 펜클럽문학상 · 월탄문학상 외 수상

사모곡

권 용 태

내 선친의 산소는
고향 선산에 있고.
구순(九旬)의 어머니는
효성 지극한 장형(長兄)댁에서
노후를 머물고 계신데
나는 회한의 하늘을 떠돌며
마음은 항상 조마조마하다.

때로는 하늘의 문이 열리고
물속 깊이 드리운 그림자처럼
유택을 준비하는 어머니,

내 어린 시절 눈물겨운
기억의 손길을 내밀며
환히 다가오는 당신을
해후하는 저녁 꿈은
이승인가, 저승인가.
(용태야! 나는 겐찬타, 너만
잘 있으면 아무 걱정 업다.)
누구의 대필로 써 보낸 이미니 편지,

초로의 나도 참을 길 없어
높이 뜬 초승달을 바라본다.

자식은 맨날
핑계의 무덤으로 싸여
고향 나들이가
드문드문한 발길에
언제나 학의 모양새로 앉은
어머니를 뵈오면
참을 수 없는
이 부끄러움을 무엇으로
측량하랴.

시인, 1958년 『자유문학』으로 등단, 저서 : 시집 『바람에게』, 『남풍에게』, 『북풍에게』 외, 중앙문학상·시와 시론 본상 수상, 대한민국 보관문화훈장, 한국문인협회 고문

아버지를 찾습니다

나 태 주

아버지가 집을 나가셨습니다
나이는 70세
약주를 너무 많이 잡수셔서
기억상실증에 걸리셨는데
어느날 동네 이발관에 가셨다가 길을 잃고
집으로 돌아오시지 못합니다
집 번지수도 대지 못하고
전화번호도 대지 못하는 분이십니다
밥보다는 술을 더 좋아하신 분이십니다
흰 바지저고리에 흰 고무신
나무막대를 지팡이 삼아 짚고 나가셔서
벌써 보름째 종무소식입니다
방송에도 내고 신문에도 내고
광고지를 만들어 여기저기 붙여도 보았지만
별무효괍니다
양로원에도 가보고 시장에도 가보고
정신이상자 합숙소에도 가보았지만
안 계셨습니다
세상에 노인들은 많고 많아도
정작 아버지는 안 계셨습니다

집을 나가실 만한 이유는 없습니다
사시던 고향에서
이사 안 오시겠다는 걸
좀 잘살아 보자고
대전시외 개발예정 지구로 이사 와
약주가 더 느셨습니다
그러고 보면 시골이 좋다 하시는 분을
억지로 모시고 이사 온 게 불찰이요
술보다 더 좋은 것을 마련해 드리지
못한 것이 불효이지요
나이는 70세
기억상실증에 걸려서
집 나가신 분 아버지를 찾습니다
우리 아버지를 찾습니다.

시인, 1971년 서울신문 신춘문예 당선, 저서 : 시집 『대숲 아래서』, 『꽃 장엄』 등 37권, 산문집 『시골사람 시골선생님』, 『꿈꾸는 시인』, 『죽기 전에 시 한 편 쓰고 싶다』 등 100여 권, 시화집 『사랑하는 마음 내게 있어도』, 『너도 그렇다』, 『선물』 등, 현 공주문화원장

어머니의 땅

신 달 자

대지진이었다
지반이 쩌억 금이 가고
세상이 크게 휘청거렸다
그 순간
하느님은 사람 중에 가장
힘센 사람을
저 지하 층층 아래에서
땅을 받쳐들게 하였다
어머니였다
수억 천 년 어머니의 아들과 딸이
그 땅을 밟고 살고 있다

시인, 경남 거창 출생, 『현대문학』 등단, 명지대 교수, 한국시인협회 회장 역임, 현 한국가톨릭문인회 회장, 대한민국예술원 회원, 한국문학번역원 이사, 저서 : 시집 『봉헌문자』, 『열매』, 『새를 보면서』, 『종이』 등 다수, 시와 시학상 · 가톨릭 문학상 · 정지용문학상 등 수상

어머니의 된장찌개

엄 기 원

어머니가 끓여주신
된장찌개에
나는 언제나 밥 한 그릇 뚝딱!

풋호박에 멸치 몇 개
묵은 김치 밖에 없다는
어머니의 된장찌개

갓 지은 보리밥에도
갓 끓인 된장찌개에도
어머니의 손맛이 담뿍
어머니의 사랑이 듬뿍

그것으로 내 입맛엔
진수성찬
내 어린 시절은 행복했습니다.

이 세상에 안 계셔도

빛바랜 어머니 사진은
언제나 나를 보고 웃으십니다.

시인, 1963년 한국일보 신춘문예 동시 당선, 한국문학상·PEN문학상 수상, 저
서 : 동시집 『아기와 염소』, 『팔랑개비』 외 다수, 한국문인협회 고문, 한국음악저
작권협회 부회장, 한국아동문학연구회 대표

산양

이 건 청

아버지의 등 뒤에 벼랑이 보인다. 아니, 아버지는 안보이고 벼랑만 보인다. 요즘엔 선연히 보인다. 옛날, 나는 아버지가 산인 줄 알았다. 차령산맥이거나 낭림산맥인 줄 알았다. 장대한 능선들 모두가 아버지인 줄만 알았다. 그때 나는 생각했었다. 푸른 이끼를 스쳐간 그 산의 물이 흐르고 흘러, 바다에 닿는 것이라고. 수평선에 해가 뜨고 하늘도 열리는 것이라고. 그때 나는 뒷짐 지고 아버지 뒤를 따라갔었다. 아버지가 아들인 내가 밟아야 할 비탈길을 앞장서 가시면서 당신 몸으로 끌어안아 들이고 있는 걸 몰랐다. 아들의 비탈들을 모두 끌어안은 채 까마득한 벼랑으로 쫓기고 계신 걸 나는 몰랐었다.

나 이제 늙은 짐승되어 힘겨운 벼랑에 서서 뒤돌아보니 뒷짐 지고 내 뒤를 따르는 낯익은 얼굴 하나 보인다. 아버지의 이름으로 쫓기고 쫓겨 까마득한 벼랑으로 접어드는 내 뒤에 또 한 마리 산양이 보인다. 겨우 겨우 벼랑 하나 발 딛고 선 내 뒤를 따르는 초식동물 한 마리가 보인다.

시인, 1970년 『현대문학』으로 등단, 한국시인협회 회장 역임, 현 한양대 명예교수, 저서 : 시집 『굴참나무 숲에서』, 『반구대 암각화 앞에서』 등, 현대문학상・한국시협상・목월문학상・고산문학대상 등 수상

아버지는 이 산하의 강물이었다

이 길 원

바다에 이르자
비로소 잠잠해졌다. 강은
물보라를 일으키며 바위도 흔들어 보고
때론 흙탕물을 일으키더니

아버지는 이 산하의 강물이었다.
욕심 사납게
계곡의 쫄쫄 흐르는 물 모아
담지도 못하고 흘려보내는

흐르면서도
품에 고기들을 키웠다
끝없이 흘러드는 오수와 싸우며

갈라먹고 더럽히고 헤집다가
모두 떠났다
홀로 흘러갔다. 강은
등줄기에 노을 가득 걸어놓고.

시인, 『시문학』으로 등단, 국제펜클럽 이사, 국제펜클럽 한국본부 명예이사장, 서울종로문협 고문, 저서 : 시집 『Mask』(영역시집), 『노을』, 『헤이리 시편』 외 다수, 천상병시상·윤동주문학상·대한민국문화예술상 수상, 북한펜클럽 이사

어머니의 현금출납고

이 충 희

내 어머니 책 사게 돈 달라 조르면
꼬치꼬치 물은 끝에
치마 걷어 올리고 고쟁이 오른쪽 주머니
옷핀 빼 입에 문 채
꼬깃꼬깃 접은 지전 몇 장 잘 펴서
아껴 써라 신신당부 한 말씀 얹어
자애로 내 손에 쥐어 주시더니
오늘 볕 밝은 날 잡아
몇 년 벼르던 장 속 정리 숙제하듯 하던 참에
구석에 웅크리고 있던 고쟁이 찾아들고
누렇게 바랜 어머니의 현금출납고를
찾아들고 아득했네
50년대 그 가난했던 시절이 걸어 나와
넘고 쳐진 오늘 이 풍요를 때려눕히고
풀 먹인 속곳 빳빳한 서슬로
쓸쓸한 내 허기를 달래고 있었네

시인,『현대문학』등단, 저서 :『가을회신』,『먼 불빛』,『겨울강릉행』,『이순달빛』등, 관동문학상 · 강원문학상 · 난설헌시문학상 · 강릉예술인상 수상, 강원여성문인협회 회장 역임, 백교문학회 회원

바람 바람 바람

조영수

대대로 물려받은 자투리땅까지 팔아
고삐 풀린 역마살을 앞세우고
팔도 장마당을 누비셨다는 외조부
밀가루 자루 풀어놓으면 바람 불고
소금 가마니 수레에 실으면 소나기 내려
팔자타령 끝에 갈아엎었던 자갈논을
다시 일구셨다는 외조부의 바람 탓에
자지러지던 봄꽃이 몸짓을 내려놓아도
바람 잘 날이 없었다는 외가댁
그 뿌리 깊어진 집안내력 때문인지
아버지 바람기에도 흔들리지 않고
속 뒤집어 보이지 않으시던 어머니
팔 남매 울먹임만 꼭 쥐고 임종하시면서
바람 바람 바람만 수없이 되뇌다가
잠재우지 못한 바람 속으로 떠나셨습니다.

시인, 『월간문학』 신인작품상 등단(1980년), 저서 : 시집 『세상 밖으로 흐르는 강』, 『네 안에서 내 안으로』, 『꽃은 꽃으로 피게』, 『시간 밖의 꽃밭』, 윤동주문학상 · 예총예술문화상 · 강원도문화상 · 관동문학상 수상, 한국문인협회 · 한국시인협회 · 문학의집 서울 · 관동문학회 · 백교문학회 회원

할머니의 한글

최 금 녀

한글이 깜깜했던 할머니는
하루가 지나도록 영문을 몰랐다

하얀 봉투를 열자
노란 동목걸이가 툭 떨어졌던 일
벌써 50년도 넘은 일이다

아들이 죽은 줄도 모른 어미는 어미도 아니라면서
월남에서 온 그 군번 목걸이를 어루만지면서
깨우친 할머니의 한글

해마다 6월이면
반듯 반듯한 검은 대리석
모판같이 정리해 놓은
수천 기의 묘석 물결 속에서 할머니는
13열 우측에서 세 번째 칸을 정확하게 찾아내었다

5일 장날처럼
풀 빳빳하게 다림질한 흰옷으로
쌩하고 앞장섰던 할머니

잠 안 오는 밤이면
월남전쟁사도 읽는 할머니는 그곳에만 가면
눈이 환해졌다
이름 자를 수백 번도 더 쓸고 닦았듯
수천 번도 더 쓴 글자
병장 김○○,
월남 ○○에서 ○년 ○월

삼촌은 죽어서
어머니에게 한글을 가르쳐 드렸다.

시인, 소설가, 저서 : 시집『바람에게 밥 사주고 싶다』외 6권, 시선집『최금녀
시와 시세계』, 활판 시선집『한 줄, 혹은 두 줄』, 펜문학상 · 현대시인상 · 미네르
바작품상 수상, 대한일보 · 서울신문 기자 역임, (사) 한국여성문학인회 이사장

수필 1
씨앗

안 영 — 사임당과 율곡 — 대물림 되는 효
윤국병 — 사모정(思母亭)과 사친문학(思親文學)
이순원 — 신사임당길을 걸으며
이영춘 — 부를 때마다 목메는 그 이름, 어머니
이태동 — 이방인의 슬픔
정종명 — 아버지와 이야기책
지연희 — 열리지 않는 문
최명희 — 효가 희망입니다
최무규 — 세계 속의 사모정(思母亭)공원

사임당과 율곡─대물림 되는 효

안 영

　언제부터인지 우리의 미풍양속인 효사상이 빛을 잃어가고 있어 안타깝다.
　축복인지 재앙인지 100세 시대가 눈앞에 왔고, 갈수록 늘어나는 건 노인 인구요, 그들을 돌봐줄 요양시설인 듯하다. 자녀들은 제 살기에 바빠 부모를 돌볼 수 없이 되었고, 부모들은 자녀들이 보고 싶어도 보지 못하며 혼자서, 또는 요양원에서 긴 인생을 견뎌내지 않으면 안 되게 되었다.
　효는 인륜의 으뜸이요 교육의 천 년 대안인 인성교육의 첫 단계다. 그러기에 백행의 근본이라 하지 않던가.
　『논어』 '학이편(學而篇)'에는 다음과 같은 말이 나온다.
　"그 사람됨이 부모에게 효성스럽고 형제간에 서로 우애하면서 윗사람에게 거역하는 자는 드물다. 윗사람에게 거역하지 않는 사람이 난동을 부리는 일은 아직 있어 본 적이 없다. 군자는 근본을 소중히 여기나니, 근본만 확고히 서면 도는 저절로 생기기 마련이다. 부모에게 효도하고 형제간 서로 우애하는 것, 그것이 인을 이루는 근본이다."

어찌 논어뿐이랴.「주자 십회(十悔)」에서도 후회하는 것 10가지 중 맨 처음 언급된 것이 "부모에게 효도하지 않으면 돌아가신 후에 후회한다"이고, 성경에서도 10계명 중 하느님 흠숭에 해당되는 세 가지 계명 바로 다음에 나오는 네 번째 계명이 "아버지와 어머니를 공경하라"이다.

이토록 동서를 막론하고 가장 중요시되어 온 효사상을 실천한 인물은, 중국이나 우리나라 역사 기록에서 많이 찾아볼 수 있다.『효경』을 읽어보면 눈물겹도록 아름다운 이야기가 가득하지 않던가.

그중에서도 한 인물에 그치지 않고 대물림으로 효성을 보여준 아름다운 가정이 있다. 바로 신사임당 일가다.

신사임당 어머니 이씨는 강릉 양반가에서 무남독녀로 태어났다. 어린 시절부터 총명하여 딸이지만 아버지로부터 학문을 배우고 성현들의 책을 읽으며 바르게 자라 서울로 시집을 갔다. 그런데 어머니 최씨가 앓고 있다는 소식이 들려왔다. 이씨는 잠을 이루지 못했다. 자식이라곤 자기 하나밖에 없는데, 멀리 시집을 와 버렸으니 누가 어머니를 보살필 수 있을까. 다행히 시부모님과 남편이 그녀의 마음을 헤아리고, 고향에 내려가 부모님을 모시고 살도록 허락했다. 대신 남편 신명화가 일 년에 두어 번 강릉으로 내려와 머물다 갔다. 그런 생활을 16년이나 계속하면서 그들 부부는 딸만 다섯을 낳았다.

외할아버지 이사온은 손자가 없어 섭섭했지만 여자도 잘 가르쳐야 좋은 어머니가 된다는 생각에 다섯 자매에게 성현들의 글을 읽혔다. 그 중 둘째인 인신은 유독 영특했다. 글 읽는 것도 그렇지만 특히 그림에 소질을 보였다. 7세 때 안견의 산수화를 흉내 내어 주위 사람들을 놀라게 했다. 이사온은 가끔 내려오는 사위에게 딸의 재주를 알리며 서울에서 물감들을 구해 오게 해 아이의 소질을 계발해 준다. 그 결과 사임당은 주변에서 흔히 보는 꽃, 벌레, 산수 등을 허투루 보지 않고 그림으로 남길 수 있었다.

그림 공부를 즐겁게 하면서도 인선은 자기 집에 아들이 없다는 것에 신경이 쓰였다. 둘째인 자기가 아들 노릇을 해야 한다는 의무감이 많았다. 그러기에 더 열심히 공부하며 덕을 닦았다. 율곡의 '선비행장'에 의하면 "어머니는 어렸을 때부터 경전을 통했다"라고 쓰여 있을 정도다.

인선은 자라면서 당호를 짓게 된다. 독서를 통해 많은 인물을 접했겠지만 특히 중국 문왕의 어머니 태임을 본받아 살기를 원했다. 태임은 태교에 힘써 문왕과 같은 성군을 낳았다는 것으로 역사에 이름을 남긴 분이다. 그래서 그분을 스승으로 삼겠다는 뜻으로 '사임당'이라는 호를 지었다. 이것만 보아도 신사임당이 자녀교육에 큰 관심을 두었다는 속내를 드러낸다.

신사임당은 7남매나 되는 자녀를 낳아 기르면서 무엇보다 인성교육에 신경을 썼다. 인성교육의 첫째는 무엇인가. 바로 효이다. 동양과 서양이 다르지 않다.

사임당은 어린 시절, 외조부모님과 함께 살면서 어머니가 그분들에게 드리는 효를 보고 배웠다. 그리고 자연스럽게 그대로 따라했다. 그분들이 떠나시자 비통해 하는 어머니를 보며 더욱 효도를 드렸고, 상을 치른 뒤 아버지마저 떠나시자 홀로 남은 어머니에게 더욱 극진한 효를 드렸다. 신사임당의 효성이 얼마나 지극했는가는 남긴 시들이 잘 대변하고 있다. 많은 그림과는 달리 시는 단 3편을 남겼는데, 모두가 효를 주제로 하고 있다. 대부분의 시인이 사랑이나 자연 풍광을 노래한 데 반해, 신사임당의 경우는 세 편 모두가 효 일색이다. 그것만 봐도 그분의 효심을 짐작할 수 있지 않는가.

또 다음 세대인 아들 율곡은 어땠는가.

그가 다섯 살 때의 일이다. 어머니가 건강을 잃고 병석에 눕게 되자 아이는 날마다 뒷산 외조부의 사당에 올라가 어머니를 낫게 해달라고 엎드려 빌었다. 열한 살 때는 아버지가 위독하자 제 무명지를 깨물어 아버지의 입 속에 넣어드리는 등 지극한 효성을 보여 주위 사람들을 놀라게 했다. 16세 때 어머니가 돌아가셨다. 소년은 어머니의 일생을 간략히 담은 '선비행장'을 기록으로 남기고, 묘소 앞에 움막을 지어 3년 탈상 때까지 조석 끼니를 공양하며 시묘를 할 정도로 극진한 효를 보였다.

이토록 인륜의 으뜸인 효를 다한 사람들. 신사임당과 이율곡 모자가 세계에서도 유례없이 한 나라 화폐의 주인공이 된 것은 우연일까?

보여줌으로써 물려받고, 물려받음으로써 다시 효도하는 효의 대물림! 옛날처럼 조석 문안을 드리고, 끼니를 살펴 드리고, 잠자리를 봐 드리는 일은 못해도 최소한 일주일에 한 번씩은 가족이 함께 식사하며 밥상머리 교육을 할 수 있으면 좋겠다. 또 결혼한 자녀들은 자주 문안 전화를 드리고, 때 맞춰 찾아뵙다 보면 자라나는 어린이들이 그대로 배우게 될 것이다.

사실 효자들은 함부로 나쁜 짓을 못한다. 늘 부모님 생각에 그분들의 근심을 살까봐, 그분들의 이름을 더럽힐까봐 작은 행동도 삼가게 될 테니 말이다. 장담컨대 오늘날 자라나는 세대에게 효도만 제대로 가르쳐도 곳곳에서 횡행하는 사회악의 반 이상은 줄일 수 있으리라고 나는 믿는다.

소설가, 1965년 『현대문학』으로 등단, 저서 : 소설집 『가을, 그리고 산사』, 『가슴에 묻은 한마디』, 『비밀은 외출하고 싶다』 외, 장편소설 『영원한 달빛, 신사임당』, 한국문학상 · 펜문학상 · 월간문학상 수상, 백교문학회 고문

사모정(思母亭)과 사친문학(思親文學)

윤 국 병

 효심이 깊은 신사임당(申師任堂)의 사친(思親)시 마지막 절은 이렇게 읊고 있다.
 '언제 다시 고향 강릉길 밟고 가 비단 색동옷 입고 부모님 곁에서 바느질 할꼬(何時重踏臨瀛路綵舞斑衣膝下縫).'
 고향과 홀로 계신 어머니에 대한 절절한 그리움이 담겨 있다. 그 아들 율곡(栗谷) 이이(李珥)는 또 어떠했던가. 어머니가 돌아가시자 충격으로 한때 머리를 깎고 절에 들어가 승려가 되기도 했다. 이들 모자의 애틋한 효심이 강릉을 효향(孝鄕)으로 일컫게 했다. 그 효향 강릉에 처음으로 효의 상징물인 사모정(思母亭)공원이 조성된 것은 불과 8년 전이다. 때늦은 감이 없지 않다. 공원은 강릉의 자랑인 오죽헌(烏竹軒)에서 승용차로 2분 남짓 거리인 핸다리[白橋] 마을에 자리 잡고 있다. 오죽헌은 효사상의 상징적인 인물인 사임당과 율곡 모자의 생가다.
 사모정공원은 우리의 효사상을 기리고 더욱 승화시키려는 뜻에서 마련된 기념물이다. 공원이 효의 상징물로서 더욱 돋보이는 것은 바로 오죽헌과 같은 울타리 안에 있기 때문일 것이다.

공원 안에는 우리나라 전통양식의 정자 사모정이 아름다운 자태를 뽐내고 있다. 정자 안쪽에는 이 정자를 왜 사모정이라 했는지 알 수 있는 글판이 걸려 있다.

어미는 모든 사물의 시작이요 근원이라는 뜻을 담고 있는 노자(老子)『도덕경(道德經)』제52장의 글귀가 고 남전(南田) 원중식(元仲植) 서예가의 유려한 예서체로 쓰여 있다. 옳다. 고향은 삶의 시작이요 어머니는 생명의 근원이다. 정자 안에 또 '아버님이 안 계시면 누구를 믿으며, 어머님이 안 계시면 누구를 의지하랴(無父何怙 無母何恃)'라는 내용의 서경구(書經句)가 약천(若泉) 조순(趙淳) 선생의 중후한 필체로 쓰여 있다. 사모정의 뜻이 고향과 어머니에 대한 그리움을 함께 담고 있음을 엿볼 수 있다.

사모정공원이 이제 새 모습으로 탈바꿈하고 있다. 기존의 공원 옆에 새 부지를 마련, 새로운 상징물로 가꾸어지는 2단계 사업이 준공을 앞두고 있다. 1단계 사업이 애향심과 효사상의 함양이라는 소박한 뜻에서 시작되었다면, 2단계 사업은 효사상의 외연 확대, 세계화에 초점이 맞춰져 이루어지고 있다. 기존 공원에는 사모정과 그 주변에 고향과 어머니를 그리워하는 시어들로 엮어진「고향길」, 행간마다 사친의 정이 배어 있는「어머니」,「아버지」의 시비와 조각이 서 있다. 그런가 하면 새 부지엔 '효사상 세계화의 발원지'라고 쓴 가로 4미터 세로 3미터 크기의 대형 조형물이 우뚝 자리 잡고 있다. 그 양옆에는 언론인 백교(白橋) 권혁승(權赫昇) 선생이 효사상 세계화와 이 조형물

건립취지에 관해 쓴 글이 한국어와 영어, 중국어, 일본어로 번역돼 새겨져 있다.

효사상 세계화는 이미 진행되고 있다. '한국의 효사상을 세계로'라는 부제가 달린 책『세상의 빛, 어머니 사랑』(권혁승 편저)이 국내 도서관에는 물론 세계 65개국 130개 도서관에 배포됐다. 또 평창동계올림픽을 앞두고 IOC위원들에게도 기증됐다. 한국의 효사상이 세계로 수출된 셈이다. 기독교 사상의 영향을 받고 있는 서양의 효사상이 다분히 현실주의적이라면 유교사상이 바탕에 깔려 있는 한국의 효사상은 가족주의적 색채가 강하다. 조형물 주변엔 어린애를 업은 어머니를 그린 모자상비(母子像碑)가 세워져 있어 전형적인 우리들 어머니의 모습을 떠올리게 한다. 4미터 높이의 '모정의 탑'과 '효심의 탑' 두 채의 돌탑은 이 공원이 추구하고 있는 가치가 어디에 있는지를 극명하게 보여준다.

공원조성 1단계와 2단계는 공통적인 지향점을 갖고 있다. 사친사상을 문학과 접목시키는 것이다. 1단계에서는 백교문학회를 창립하고 그 이름으로 문학상을 제정, 시상함으로써 우리의 사친사상을 되살리는 역할을 하고 있다. 2단계에서는 사친사상을 문학으로 승화시키기 위한 문학지『思親文學』을 창간하였다. 백교 선생이 이미 30여 년 전 대관령에 사임당의 사친시비를 세운 것이나 공원조성 1단계 사업 때 '사친문학의 요람'이라고 쓴 석비를 건립한 것에서『思親文學』의 창간은 예고돼 있었다.

『思親文學』의 창간에 이르기까지 1, 2단계의 공원조성사업이 값진 것은 한 출향인의 집념과 열정이 이루어낸 작품이기 때문이다. 어느 독지가의 후원이나 그 흔한 지자체의 전시용 사업으로 만들어진 것이 결코 아니다. 백교 선생이 사비로 자신의 고향 핸다리 마을에 이 기념물을 세우고 영구 보전을 위해 강릉시에 기증한 것이다.

사모정공원 조성에 대한 그의 집념이 얼마나 강고한가는 정자 건립을 위해 전국의 정자를 답사한 것, 또 그 시기에 늦은 나이에도 불구하고 서예에 입문, 글씨 공부를 시작했다는 점 등이다. 정자 건립은 그가 개인 희수 서예전을 열었던 같은 해에 이뤄졌다.

사모정의 현판과 새 공원 부지에 세운 큰 조형물의 글씨는 모두 백교 선생이 쓴 것이다.

해(楷)로 쓴 정자 현판은 미려하면서도 힘차고 한글 고체로 쓴 조형물의 글씨는 강인하면서도 중후한 멋을 지니고 있다. 『思親文學』의 제호는 200여 번의 연습을 거쳐 결정했다고 한다.

사모정공원 조성사업이 2단계로 끝나는 것은 아닐 것이다. 오죽헌 없는 강릉 없듯이, 사모정공원 없는 강릉 없다는 평가가 나올 때까지 그 사업은 계속되지 않을까. 그가 꿈꾸는 효친사상의 끝은 어디까지일까.

사모정은 나에게 묘한 느낌으로 다가온다. 사모정공원을 찾을 때마다 어머니에 대한 그리움과 회한이 뒤엉켜 가슴이 찢어지는 아픔을 느낀다. 몇 년 전 가족회의를 열어 부모님의 묘를 파묘, 육탈한 시신을 화장해 산골하기로 했다. 부모의 묘소를 지키지 못하는 자식들의 마음은 칼로 베는 듯 쓰라렸다. 그러나 부모님이 묻힌 지 40여 년이 지난 데다 묘소를 지켜야 할 장손의 형편을 생각해 현실적인 결정을 내린 것이다. 묘를 파 보니 어머니의 시신은 완전히 육탈돼 있었다. 뼈를 수거하는 사이 갑자기 이상한 물체가 보였다. 틀니였다. 그 틀니를 보는 순간 온몸이 전율했다. 당신의 몸 상태에 대해서는 일체 내색을 않던 어머니가 어느 날 틀니를 해달라고 했다. 아뿔싸, 치아가 없어 음식을 잘 드시지 못하는 어머니를 왜 미리 챙겨드리지 못했을까. 얼마나 답답하셨을까. 회한과 부끄러움이 엄습해 왔다. 그 다음날로 어머니를 모시고 치과를 찾아 틀니를 맞춰 드렸다. 수거하는 뼈 속에 섞여 있던 틀니가 바로 그 틀니다.

그 해 백교문학상 시상식이 열린 사모정공원을 찾았다. 공원 이리저리를 걷자 어머니에 대한 그리움이 나도 모르게 솟구쳤다. 불현듯 어머니의 틀니가 눈에 어른거렸다. 갑자기 틀니를 미리 못해 드린 회한이 엄습해 왔다. 울음이 터져나왔다. 소리 없이 한참 울었다. 사모정은 마음속에 잠겨 있는 어머니에 대한 그리움을 끌어내 되살리는 촉매제 역할을 하고 있다. 올해도 사모정공원을 찾아 어머니를 생각하며 목놓아 울고 싶다.

언론인. 한국일보 편집국장, 한국일보 사장, 코리아타임즈 사장, 소년한국일보 사장 역임

신사임당길을 걸으며

이 순 원

　강릉 바우길에 '신사임당길'이 있습니다. 강릉시 위촌리 송양 초등학교에서부터 오죽헌과 경포대를 지나 허난설헌과 허균이 태어난 초당마을까지 걸어가는 길입니다.
　이 길이 시작되는 위촌리마을은 대관령 자락의 가장 아래쪽에 있는, 강릉에서는 시골 동네의 대명사와 같은 마을입니다. 이 작은 시골 마을에 초등학교가 있습니다. 몇 년 전만 해도 전교 학생 수가 20명쯤 되나마나 해서 면소재지의 학교에 곧 흡수돼 없어질 학교처럼 여겨지던 이 학교의 학생 수가 최근 100명으로 늘어났습니다.
　이 마을에 금광이라도 발견되었다면 모르겠습니다만, 이유는 우리나라의 이상한 영어열풍 때문이었습니다. 예전에 학생 수가 자꾸 줄어들자 이 학교의 졸업생들이 이러다가 학교가 아주 없어질까봐 후배들을 위해 십시일반 돈을 모아 원어민 선생 한 명을 배치해 주었습니다. 아이들은 방과 후 바로 집으로 가지 않고 해가 질 때까지 늘 이 원어민 선생과 함께 놀았고, 그게 몇 년이 지나자 시골 학교 아이들이 유창하게 영어로 말하게 되었습니다.

 언젠가 이 학교의 저학년 아이가 영어책은 읽지 못하는데 영어로 온갖 말을 다하는 모습이 방송에 나왔습니다. 그게 소문이 나고 텔레비전에 나오고 하자 강릉 시내에서 엄마들이 이 학교에만 아이를 보내면 저절로 영어가 되는 것처럼 아이들을 우르르 전학시킨 것입니다. 외지에서 아이를 데리고 들어온 맹모도 있습니다. 조금은 쓸쓸한 모습이긴 하지만, 어쩌면 이 엄마들 모두 오늘날 교육열에 있어서는 자신을 또다른 사임당으로 생각할지도 모르지요. 아침마다 시내에서 이곳 시골 학교로 아이를 등교시키는 엄마들도 있겠지요.

 그런데 이렇게 강릉 시내에서 시골 마을로 사람들이 들어오는 모습은 꼭 지금만이 아닙니다. 아주 예전에는 가을만 되면 더 많은 사람들이 강릉 시내에서 이 마을로 들어왔습니다. 제 어린 시절의 모습이긴 한데 어떤 날엔 그렇게 들어오는 사람이 수백 명이 되기도 했는데, 등에는 하나같이 지게를 지고 있었습니다.

 50년 전 강릉 시내조차 90%의 아궁이가 아직 연탄보다 장작을 때던 시절, 강릉 시내에서 가장 가까운 국유림이 바로 이 마을에 있었기 때문입니다. 주인이 있는 산엔 주인이 지키니까 주인 없는 국유림으로 산골의 나무꾼이 아니라 '시내의 나무꾼'들이 모여들였던 거지요.

 우리에게 『역사란 무엇인가』라는 책으로 유명한 에드워드 H 카가 즐겨쓰던 농담인데, 그가 이런 말을 했습니다. 일차세계대전 전 폭풍이 불어 도버해협이 막히면 영국이 대륙으로부터 고립되는 것이 아니라 오히려 대륙이 영국으로부터 고립되었다고 말이죠. 지난날 영국의 영화를 나타내는 말이겠지만, 제 어린 날 위촌리마을과 강릉시 사이에 그 비슷한 부분이 있었습니다.

당시 영림서(산림청)의 산림간수가 위촌리마을에서 시내로 나가는 길목을 며칠만 지키면 당장 화목이 아쉬워 강릉 시내에 생쌀을 씹는 집이 나왔다는 겁니다. 그로부터 50년이 지난 지금 그때 아침마다 위촌리로 들어오던 천 명도 넘는 지게꾼들처럼 하루에도 수십 명의 배낭꾼들이 위촌리마을에서 냇물을 따라 오죽헌과 선교장을 지나 경포대와 허균 허난설헌 유적지가 있는 초당마을로 나갑니다. 점심시간을 포함해 길을 걷는 다섯 시간 동안 오로지 금강소나무 숲 사이로, 아름드리 소나무만 보고 걷는 길입니다.

사임당과 율곡이 걸었던 핸다리길 옆에 사모정 세워져

오늘날 사람들은 오죽헌에서 강릉 시내로 길이 뻥 뚫리고, 또 강릉시내에서 대관령으로 자동차 도로가 이어지니까 옛날에도 오죽헌에서 이 길로 신사임당이 대관령을 넘었거니 여기는데 그렇지 않습니다. 신사임당과 율곡이 태어나고 또 신사임당이 오래도록 친정어머니를 모시고 있던 오죽헌에서 출발해 대관령을 넘자면 지금의 강릉 시내가 아니라 오죽헌 앞으로 흐르는 개울을 따라 사모정(思母亭)공원이 세워진 핸다리마을과 느름내 위촌리마을, 금산마을을 지나 대관령 옛길을 올랐던 거지요. 여러분이 걷는 길을 사임당과 어린 율곡이 손을 잡고 걸었던 거지요.

사임당은 오죽헌에서 태어나 그곳에서 결혼하고 서른여덟 살 때 서울 시댁으로 갔습니다. 그 길을 걸어 강릉 친청 오죽헌에서 이제 아주 서울 시댁으로 살러가며 이런 시를 남겼습니다.

慈親鶴髮在臨瀛(자친학발재임영)
身向長安獨去情(신향장안독거정)
回首北坪時一望(회수북평시일망)
白雲飛下暮山靑(백운비하모산청)

늙으신 부모님을 강릉에 두고
홀로 서울로 떠나는 이 마음
때때로 고개돌려 북평촌을 바라보니
저문 산에 흰구름만 날아 내리네.

* 임영(강릉의 옛이름), 북평(호죽헌 마을의 옛이름)

서울에 가서는 또 고향에 계신 어머니를 그리며 이런 시를 남겼습니다.

千里家山萬疊峯(천리가산만첩봉)
歸心長在夢魂中(귀심장재몽혼중)
寒松亭畔孤輪月(한송정반고륜월)
鏡浦臺前一陣風(경포대전일진풍)
沙上白鷗恒聚散(사상백구항취산)
海門漁艇任西東(해문어정임서동)
何時重踏臨瀛路(하시중답임영로)
更着斑衣膝下縫(갱착반의슬하봉)

산 첩첩 내 고향 천리건마는
자나깨나 꿈속에도 돌아가고파
한송정 가에는 외로이 뜬 달
경포대 앞에는 한 줄기 바람
갈매기는 모래톱에 헤락모이락
고깃배들 바다 위로 오고 가리니
언제나 강릉길 다시 밟아 가
색동옷 입고 어머니 슬하에서 바느질할꼬

오죽헌은 어머니 신시임당이 대이나고, 어머니기 태어난 집에서 다시 아들이 태어났습니다. 사람들은 오죽헌이 국가보물 (165호)로 지정된 것이 율곡 선생처럼 훌륭한 분이 태어난 집이라 그리 된 줄 아는데, 원래 이 집은 조선시대 문신이었던 최치운이 지었습니다. 규모도 그리 크지 않아 앞면 3칸, 옆면 2칸 정도밖에 되지 않지만, 지붕이 여덟 팔(八)자 모양의 팔작지붕에 겹처마 집으로 한 시대의 건축양식이 그대로 배어 있는 집입니다.

오죽헌 다음 들르는 곳이 강릉 선교장인데, 이곳은 사실 긴 설명이 필요없는 곳이죠. 조선시대 사대부가의 저택으로 왕이 아닌 사람이 지을 수 있는 최대 규모의 99칸짜리 집인데, 규모야 둘러보면 아는 것이고 한 가지 재미있는 것 알려드리지요.

옛날의 이런 큰집엔 손님이 늘 들기 마련이고, 그러면 손님 신분과 친소 관계에 따라 상중하로 분류해서 하급 손님은 행랑에 재워 보내고, 고급 손님은 당연히 사랑채(열화당)에 모시지요. 지금은 사람들마다 저마다 하는 일이 있으니 어딜 가도 그리 오래 있지 않지만, 예전에 이런 집들은 계절을 넘기는 손님들이 많았습니다. 금강산 유람을 가도 반년, 일년씩 걸렸으니까요. 그런데 어느 집이나 오래 묵다 보면 그만 갔으면 싶은 손님이 있기 마련입니다. 그렇다고 점잖은 체면에 "이제 떠나시오" 하고 말할 수도 없는 일이고 이때 손님을 내보내는 방법이 있습니다. 아침저녁으로 상을 들여갈 때 상 위에도 법도가 있어 밥을 놓을 자리, 국을 놓을 자리, 반찬을 올리는 자리가 다 정해져 있는데, 어느 날 반찬 자리를 서로 바꾸어 올리는 것이죠. 그러면 나그네도 눈치를 알고 그만 일어서는 거지요.

사임당길의 마지막 종착지는 허균 허난설헌 유적공원이 있는 초당마을인데 조선 중기에 강릉에 큰 인재들이 많이 태어났습니다. 오죽헌에서 신사임당과 율곡이 태어나고, 호수 건너에서 허난설헌 허균이 태어났는데, 사임당과 허난설헌을 비교하면 사임당이 70년 정도 빠르고, 율곡과 허균을 비교하면 율곡이 30년 정도 빠릅니다. 인생도 참 정반대로 살았던 사람들이지요.

이 사임당길은 길의 마지막까지도 온통 소나무뿐입니다. 허균 허난설헌 유적공원을 둘러싸고 있는 소나무 숲을 강릉 사람들은 예부터 '초당솔밭'이라고 불렀습니다. 경포팔경 중의 하나로 '초당취연'이라는 게 있는데, 경포대 누각에 올라 멀리 이곳을 바라볼 때 초당마을에서 저녁밥 짓는 연기가 이 솔숲 사이에 구름처럼 낮게 깔려 퍼지는 모습이 한 절경을 이루었다는 것인데, 이제는 그 모습을 볼 수 없지만 사람들은 늘 이 솔숲에 감탄합니다.

대체 여섯 시간 소나무 숲 사이로만 지나는 길은 어떤 길일까? 만약 오신다면 여러분은 여러분 생애에 그 하루 동안 가장 많은 소나무를 보게 될 것입니다. 그리고 어쩌면 그날 밤 꿈에서 대관령 옛길을 모자가 다정하게 손을 잡고 걷는 신사임당과 율곡을 만나게 될지도 모릅니다.

소설가, 동인문학상·현대문학상·이효석문학상·한무숙문학상·허균작가문학상·남촌문학상 수상, 소설: 『수색 그 물빛무늬』, 『은비령』, 『말을 찾아서』, 『그 기 걸음을 멈추었을 때』, 『19세』, 『아들과 함께 걷는 길』, 『삿포로의 여인』 등

부를 때마다 목메는 그 이름, 어머니

이 영 춘

『思親文學』창간호 원고 청탁을 받고 제일 먼저 떠오른 것이 사임당의「사친가」였다.
  '사친문학'이란 제호를 쓴 것도 아마 사임당을 상징하여 붙여진 이름일 것이라는 생각이 들기도 하였다. 이렇게 유서 깊고 의미 있는『思親文學』창간을 우선 축하드리지 않을 수 없다.
  이 기회에 신사임당의 사친시 한 편을 다시 음미해 보고 싶다.

>   늙으신 어머님을 고향에 두고
>   외로이 서울 길로 가는 이 마음
>   돌아보니 북촌은 아득도 한데
>   흰 구름만 저문 산을 날아 내리네

  널리 알려진 신사임당의「사친가」다. 더구나 이 시는 옛길 대관령 정상에 시비로 세워져 있기도 하다. 구구절절 부모님에 대한 사랑이 담긴 가슴 아리게 하는 시다.
  필자 역시 강릉에서 가까운 봉평이 고향이다. 그래서 사임당의 이 시를 읽으면 더욱 뼈가 저리도록 어머니 생각이 난다. 공직에 있을 때 강릉 오가는 길이면 꼭 봉평 집에 들르곤 했었다. 그럴 때면 어머니는 늘 빈 집에 혼자 빈 몸으로 계셨다. 때로는 앓아누워 계셨다. 당뇨병으로 20여 년 가까이 고생하시다가 빈 집에서 혼자 돌아가셨다.

9남매의 자식을 두고도 어느 누구 하나 같이 살지 못했다. 아 참, 봉평에 남아 살고 있던 남동생이 한 명 있기도 했다. 그런데도 세상 불효 중에 가장 불효라는 오명을 남기고 어머니보다 먼저 저 세상으로 갔다. 부모의 가슴에 못을 박아 놓고 먼저 갔다. 그래서 엄마는 늘 혼자 울면서 혼자 사셨다.

그 어머니가 끝내 83세를 일기로 10년 전에 돌아가셨다. 역시 혼자 가셨다. 봉평 집에 혼자 사시다가 가셨다. 서울 큰아들 네 집에서 같이 사실 수도 있는데 굳이 어머니는 흙을 밟고 사는 고향, 내 집과 내 마당이 좋다고 고집을 부리시다가 그렇게 되셨다.

천추의 한으로 남는다. 혼자 돌아가시 게 한 것이…. 산소마스크를 쓴 채 원주병원으로 옮겨졌고(그것도 동네 사람들에 의해서) 다시 서울로 옮기셨는데도 끝내 눈 한 번 뜨지 못한 채 가셨다. 어머니의 살과 뼈 같은 아들딸들이 얼마나 보고 싶으셨을까! 그럼에도 그냥 가시고 말았다. 아니지, 우리들이 그렇게 허망하게 보내고 말았다. 모두 자식들의 잘못이다. 더욱 필자가 잘못했다고 생각하는 게 한 가지 있다.

산소마스크 속에서도 바깥에서 떠드는 소리를 다 들으신다는데 으레 못 들으시는 줄 알고 병실을 밤마다 지켜드리지 못한 것이다. 밤새 지키면서 계속 엄마의 일생이라든가 자식들의 이야기를 끊임없이 들려드렸어야 했는데 그것을 못해 드린 것이다. 지금도 생각하면 가슴을 도려내는 아픔이다. 청각이 제일 늦게 소멸된다는 사실을 몰랐던 불찰이다.

이렇게 허망하게 나는 어머니를 보내고 말았다. 부모가 돌아가시면 삼베옷을 입는 이유를 그때서야 깨달았다. 부모를 잘 헤아려 모시지 못한 죄인이기 때문이다. 맞다. 자식은 죄인이다. 내가 내 어머니를 곁에서 모셨더라면 어머니는 그렇게 허망하게 돌아가시지는 않으셨을 것이다. 신라의 마지막 임금 경순왕의 아들 마의태자가 삼베옷을 걸치고 개골산에 들어가 목숨을 버린 이유도 그때 다시 생각했다. 태자로서 나라를 지켜내지 못한 바로 그 속죄 의식, 그것이 삼베옷이다.

평소에 나는 즐겨 쓰는 말이 있다. "이 세상 모든 길은 어머니로부터 시작된다"라는 말이 그것이다. 미국의 평화와 자유를 상징하는 자유의 여신상 제작 과정도 조각가 바르톨디가 어머니에게서 영감을 받아 완성했다는 일화가 있다. 이렇게 어머니는 우리 영혼의 영원한 상징이며 생명의 상징이다.

말레이시아에 가면 또 이런 일화가 있다. 타이프샴이란 축제가 그것이다. 어느 날 어머니 파르파트 신에게 망고 하나가 생겼다. 어머니에게는 두 아들이 있었다. 두 아들 중 누구에게 줄까, 생각하다가 숙제를 냈다. "너희들이 이 세상에서 가장 소중이 여기는 것을 지구 세 바퀴를 돌아서 갖고 오라"고 했다. 작은 아들 무르간은 지구 세 바퀴를 돌고도 빈 손으로 돌아왔다. 그 사이 빈둥빈둥 놀고먹던 큰아들 가네샤는 어머니를 중심으로 세 바퀴를 빙 돌았다. 그리고 그는 "이 세상에서 가장 소중한 것은 어머님이시다"라고 외쳤다. 미처 어머니를 깨닫지 못한 동생은 너무 창피하여 깊은 산 속 동굴 속으로 들어가 죽고 말았다. 지금도 쿠알라룸푸르에 가면 동굴 속에서 죽어간 동생 무르간을 기리기 위한 고행의 축제가 열리고 있다. 고행의 계단은 무려 273개로 동굴과 연결돼 있다. 부모의 마음을 잘 헤아리지 못하고 섬기지 못한 죄인들이 오르는 계단이다. 나도 여행을 갔을 때 돌아가신 부모님께 속죄하는 마음으로 그 계단을 오른 적이 있다.

어디 이뿐인가! 강원도에는 한국의 상징이며 세계적인 인물, 신사임당의 효심이 효의 근본으로 자리매김하고 있다. 서두에 사임당의 「사친가」를 인용한 것도 그런 이유에서이다. 사임당의 효심이나 일화, 그리고 사적(史蹟)은 밤을 새워도 다 이야기할 수 없을 정도로 많다. 그러나 이 기회에 한 가지만 덧붙여 알리고 싶은 곳이 있다.

율곡 선생의 아버지 이원수 공이 수운판관으로 있을 때 서울과 강릉을 오가며 머물던 곳에 대한 이야기다. 바로 강원도 평창군 봉평면 백옥포리 369번지, 새 도로명은 평창군 용평면 경강로 1479번지다. 이곳이 바로 율곡 이이(1536~1584) 선생의 잉태지로 전해지는 곳이다.

아홉 차례나 과거에 급제한 율곡 선생의 영험한 정기를 받기 위해 많은 수험생 학부모와 벼슬을 꿈꾸는 이들이 찾아오는 곳이라고 전해진다. 견강부회라고나 할까? 공교롭게도 필자의 생가 터이기도 하여 자부심을 갖기도 한다.

지금도 그곳에는 서울에서 수운판관 직으로 있던 율곡 선생의 아버지 이원수 공의 관직명을 새긴 '판관대(判官垈)'라는 비석이 서 있다. 거기서 1킬로미터쯤 올라가면 그분을 모신 사당도 있다. 서두에서 말한 대로 『思親文學』이 언필칭 강릉과 연관되어 있고 신사임당과 연관되어 있지는 않을까 하는 생각에서 밝혔다. 세계적인 인물, 효의 표상이 되고 있는 사임당의 그 정신과 예술혼을 이어받아 명실 공히 『思親文學』이 웅비의 날개를 활짝 펴기를 소망하면서 이 글을 맺는다.

시인, 1976년 『월간문학』 등단, 시집 : 『시시포스의 돌』, 『슬픈 도시락』, 『시간의 옆구리』, 『봉평장날』, 『노자의 무덤을 가다』 등 다수, 윤동주문학상 · 강원도문화상 · 고산(윤선도)문학대상 · 한국여성문학상 · 동곡문화예술상 · 유심작품상특별상 수상, 원주여고교장 역임

이방인의 슬픔

이 태 동

　무섭게도 추웠던 지난해 겨울, 혹한이 끝나가고 봄이 오는 어느 일요일 오후, 나는 끝내 어머니를 양로원으로 모셨다. 어머니 연세가 구순을 훨씬 넘겨 걸음을 걷기가 많이 불편했기 때문에 의료시설이 갖추어져 있는 양로원에서 지내시는 것이 보다 안전할 것이라고 생각했다. 그러나 어머니께서 말씀은 하지 않으셨지만 서운해 하시는 것 같다는 느낌 때문에 마음이 아팠다.
　어머니의 집에 대한 애착은 눈물겹도록 집요했다. 비록 다리가 불편해서 서울로 올라오셨지만, 어머니는 그동안 견디기 어려운 외로움 속에서도 꽤 오랜 세월을 홀로 시골에서 보냈다. 시골집이 폐가에 가까울 정도로 퇴락했지만, 어머니는 몸을 가누기 힘들 때까지 그곳에서 머물기를 고집했다. 그것은 어머니가 그 옛날 꽃가마를 타고 시집와서 일찍 아버지를 여의고 굴곡 많은 고난의 50년 세월을 보낸 추억과 애환 때문이었는지도 모른다.
　지난 겨울 아내와 나는 어머니를 모시기 위해 녹번동에 있는 어느 실버타운을 찾았다. 아카시아 숲이 있는 언덕 기슭에 자리

잡은 양로원은, 병원은 물론 휴양시설을 모두 갖춘 새로 지은 건물이었다. 우리는 양로원 직원의 안내를 받으며 시설을 돌아본 후 만족스러워 했다. 그러나 어머니가 거처할 방에 들어간 순간, 주변 시설은 깨끗하고 좋아 보였지만 그곳에 넘쳐흐르는 고독감 때문에, 갑자기 뭐라 말할 수 없는 슬픔이 밀려왔다. 사실 그 방과 내가 머물고 있는 방은 다를 것이 없었다. 그러나 순간 어머니가 돌아가실 때까지 머물러야 할 그 방이 무슨 감옥과도 같다는 느낌이 엄습해 왔다.

그때부터 나는 침묵한 채 집으로 돌아올 때까지 내내 우울했다. 나는 외투를 입고 있었지만 추위에 떨며 옆에 아내가 함께 걸어가고 있다는 것도 의식하지 못했다. 나는 알베르 카뮈의 「이방인」에서 양로원에 있는 어머니가 사망했다는 부음을 듣고 전혀 눈물을 보이지 않고 뜨거운 햇빛 때문에 살인을 저지른 뫼르소와는 달랐기 때문일까. 아니면, 세네카의 말처럼 "가벼운 슬픔은 말이 많고, 큰 슬픔은 말이 없기" 때문일까.

어머니를 양로원으로 모셔가기 전날 밤, 나는 보통 때와 달리 2층 방에 머물고 있던 어머니 곁으로 가서 어머니의 메마른 손을 잡고 어머니가 살아온 험난한 인생에 대해 속죄하는 마음으로 이야기했다.

아직 젊으셨던 시절, 어머니가 내 병역 관계 서류 때문에 읍내에 갔다 돌아오던 길에 강을 건너기 위해 얼어붙은 징검다리를 건너시다 넘어져 부러졌던 손목의 흉터 자국이 유난히 내 눈에 들어왔다. 그때 어머니는 무심하기 짝이 없었던 평소의 모습과 너무나 다른 나의 변신에 놀라시는 것 같았다.

비록 어머니를 양로원으로 모시고 가면서 슬픔이 몰려오긴 했지만, 감정을 쉽게 내보이지 않았다. 객지 생활을 오래 했기 때문이 아니라 타고난 성격 때문인지, 아니면 후천적인 영향 때문인지 나는 고생하면서 때로 눈물을 흘리는 어머니에게조차 항상 이방인처럼 그랬다. 평소 아내는 말이 없고 무심해 슬픈 광경을 보아도 눈물을 보이지 않고 무감각한 것처럼 비치는 나를 비정하고 냉혹한 사람이라며 적지 않게 비난하곤 했다.

되돌아보면 나는 눈물이 없는 사람임에 틀림없다. 어린아이 때는 몰라도 커서 눈물을 흘리며 울었던 기억이 없다. 미국에서 공부할 때 아버지가 객사하셨다는 부음을 들었을 때도 눈물을 흘리지 않았다. 아버지를 앞세우시고 할아버지가 여름 장마 속에서 돌아가셨을 때도 나는 맏상제로 상복을 입고 할아버지의 관 옆에서 며칠 밤을 지새웠지만, 결코 한 번도 눈물을 보이지 않았다. 내가 아내에게까지 감정 없는 냉혹한 사람으로 보인 것은 무엇 때문일까? 어쩌면 내 곁을 스치고 지나간 삶의 파도가 너무나 높고 가혹해 감정이 메말라 슬픔에 무감각해졌기 때문일 수도 있다. 아니, 천성적으로 그렇게 태어났기 때문일 수도 있다. 내가 다른 사람이 겪는 고통은 물론 장례식과 같은 슬픈 상황에서도 눈물을 보이며 소리 내어 울지 않는다고 해서 슬픈 감정이 전혀 들지 않았던 것은 아니다. 왠지 모르게 나는 일찍부터 눈물을 보이며 우는 것을 보기 싫어했고, 또 내가 우는 모습을 다른 사람들에게 보이는 것이 싫었다. 이러한 나의 심리적인 태도는 미셸 몽테뉴가 스스로 자기는 "슬픔이라는 감정에서 가장 멀리 벗어나 있는 사람 가운데 한 사람이다"라고 말하며,

다음과 같이 주장한 사실과 깊은 관련이 있을지도 모른다.

나는 슬픔을 좋아하지도 않거니와 존중하지도 않는다. 그런데 세상 사람들은 마치 당연한 것처럼 이에 유난히 호기심을 가지고 존중하고 있다. 그들은 그것으로 지혜, 덕성, 양심을 치장한다. 이탈리아 사람들은 그럴듯하게도 슬픔이란 낱말을 악의라는 뜻으로 상용하였다. 왜냐하면 이는 언제나 해롭고 우스꽝스럽다는 것이어서, 스토아학파는 이를 언제나 겁 많고 비굴한 것이라 하여 그들이 말하는 현자(賢者)들에게 그 감정을 금하고 있기 때문이다.

아내는 나를 두고 비극적인 참상이나 광경에 대해 눈물을 흘리지 않는 냉혈동물이라고까지 말하지만, 눈물을 흘리지 않는 슬픔이 더 크다. 비극적 현실에 대한 충격이 너무나 크면 눈물을 흘리지 않고 질식해서 갑자기 숨을 거둘 수도 있다는 것이 이를 말해 준다. 미셸 몽테뉴는 이 문제에 대한 심리학을 이야기하기 위해 그리스의 헤로도토스가 쓴 『역사』 제3권 14장에 있는 프삼메니투스의 비극을 다음과 같이 인용해서 설명한다.

이집트 왕 프삼메니투스는 페르시아 왕 캄비세스의 공격에 패해 포로가 되었다. 딸이 노예가 되어 옷을 입고 물을 길어 오기 위해 그의 앞을 지나는 것을 보고, 주위에 있던 모든 이집트 사람들이 슬퍼하며 울부짖을 때, 그는 침묵을 지키며 꼼짝도 하지 않고 땅을 내려다보고 서 있었다. 또 아들이 사형장으로 끌려가는 것을 보고도 그는 여전히 같은 모습을 하고 있었다. 그러나 포로들 무리에서 늙고 병든 그의 종을 보았을 때, 그는 주먹으로 머리를 치며 너무나 처절하게 울부짖었다. 캄비세스가 이것을 보고 프삼메니투스에게 "어째서 아들과 딸의 불행에는 마음이 격지 않고 종의 불행에 대해서는 참지 못했느냐" 고 묻자, 그는 "종의 불행은 눈물로 마음을 표현하지만, 전자의 두 경우는 마음속을 표현할 모든 한계를 넘었기 때문이오" 라고 대답했다. 이 비극적인 사건을 두고 몽테뉴가 말하고자 한 것은 작은 불행에 대한 슬픔은 울음으로 나타내지만 보다 큰 불행으로 인한 슬픔은 그것으로 다 나타낼 수 없다는 것이리라.

아내의 말대로 슬픔 앞에서 눈물을 흘리지 않고 말이 없다고 해서 내가 감정이 완전히 메말라 버린 몰인정한 인간일까? 물론 때때로 아내의 말이 옳다고 느낄 때도 없지 않다. 그러나 그것은 아픔과 슬픔을 침묵 속에서 참고 삼켜왔기 때문에 감정이 무뎌져서 나타난 현상일 수도 있다고 생각한다.

「이방인」뫼르소가 어머니의 죽음에 무심했다는 죄를 사형당하는 순간까지 받아들이지 않은 것은 그가 감정이 무디고 부조리한 상황에 대해 너무나 이성적이었기 때문일지도 모른다. 몽테뉴는 그의 유명한 「슬픔에 대해서」란 에세이에서 다음과 같이 말했다.

> 나는 이렇게 심한 슬픈 감정에 사로잡히지 않는다. 천성적으로 감수성이 둔하기 때문이다. 그리고 그것을 날마다 이성으로 무디게 그리고 두텁게 하고 있다.

문학평론가, 문학박사, 서강대 명예교수, 서강대학교 문과대학장 역임, 저서 : 『한국현대시의 실체』, 『나목의 꿈 : 한국 현대소설의 지평』, 『한국수필의 미학』, 『살아있는 날의 축복』, 『우리를 기쁘게 하는 것들』 외. 김환태평론상·서울시문화상 수상

아버지와 이야기책

정 종 명

　나는 초등학교 소년 시절을 시골에서 보냈습니다. 6·25전쟁 직후였는데, 밤이면 호롱불을 켜야 하는 벽촌이었습니다.
　지금도 참 신비롭게 여기지만, 우리 아버지가 좀 유별난 사람입니다. 아버지는 7남매 중 막내로 태어났습니다. 내가 알기로 소학교를 2년인가 다니고, 서당에 조금 다닌 것이 학력의 전부입니다. 그럼에도 아버지는 우리 마을은 물론이고, 근동에서 손꼽히는 유지로 통했습니다.
　그 무렵의 시골에는 문맹자가 태반이었습니다. 입대한 아들이 편지를 보내와도 읽을 줄 아는 사람이 드물었습니다. 아버지는 그 편지를 대신 읽어 주었고, 또 답장을 대필해 주기도 했습니다. 그 대가로 아버지는 종종 내성장에 나가서 술대접을 받았습니다.
　그 아버지가 긴긴 겨울밤이면 사랑방으로 마을 사람들을 모아놓고 이야기책을 읽어 주었습니다. 지금도 기억나는 이야기책으로는 『춘향전』이나 『심청전』, 『장화홍련전』 같은 이야기책을 들 수 있습니다. 이야기가 좀 슬픈 대목에 이르게 되면 아버지는 아주 처량한 목청으로 이야기책을 읽어 나갔고, 여자들은 소맷부리로 눈시울을 훔치면서 훌쩍훌쩍 울었습니다. 그런 모습을 지켜보노라면 어린 나도 가슴이 뛰면서 눈시울이 더워졌습니다.

그 무렵에 마을 사랑방에서 색다른 책 한 권을 발견했습니다. 아버지가 내성장에 가서 사 오신 이야기책과는 전혀 다른 책이었습니다. 글자 모양도 그랬고, 지질(紙質)도 현저하게 다른 책이었습니다. 마을 청년들이 잎담배를 말아 피우는 바람에 앞부분과 뒷부분의 책장이 여남은 장씩 뜯겨져 나간 책이었습니다. 그 책을 집어들고 뒤적거리다가 한 페이지 두 페이지 읽기 시작했는데, 그만 밤을 꼬박 새우고 말았습니다. 내가 세상에 태어나서 읽어본 책 중에서 가장 재미있는 이야기책이었습니다. 그 책이 프랑스 작가 알렉산더 뒤마가 쓴 『삼총사』라는 사실을 알게 된 것은 그로부터 수 년이 흘러 중학교에 진학한 다음이었습니다.

내가 초등학교를 졸업하고 나서 일 년 뒤에 우리 집은 강원도 황지로 이사를 했습니다. 요즘은 태백시로 더 잘 알려져 있습니다. 지금은 전혀 그렇지 않습니다만, 당시만 해도 태백시는 온 천지가 석탄 가루로 뒤덮인 탄광촌이었습니다. 산도 까맣고, 지붕도 까맣고, 길거리도 까맣고, 심지어는 흐르는 물도 검정물이었습니다.

황지에서 시오 리 길인 장성 소재 태백중학교에 입학했습니다. 주로 비스로 통학을 했습니다. 어떤 때는 자전거 통학도 했고, 또 한동안은 학교 부근에 하숙도 하면서 중학교 3년 과정을 마쳤습니다.

『학원』이란 학생 잡지를 접하게 된 것은 이 중학생 시절이었습니다. 2학년 때로 기억합니다. 시를 써서『학원』에 보냈는데, 두어 달 뒤에, 작품은 실리지 않고, 가작 난에 '태백중학교 2학년 정종명'이라고 소개되어 있었습니다. 내 이름이 유명 잡지에 실리는 최초의 경험이었습니다.

내가 중학교에 다닐 때만 해도 태백시 인근에는 태백공고 밖에 없었습니다. 그 학교를 졸업하면 대부분의 학생들은 광업소에 취직이 되어 막장에 들어가 탄을 캐는 일에 종사했습니다. 아버지는 아들이 석탄광업소에 들어가 채탄부로 종사하는 것을 내키지 않아 하셨습니다. 명색이 삼봉 정도전의 후손이 탄 캐는 일에 평생을 바칠 수는 없다고 판단하셨는지도 모르겠습니다. 하여간 그래서 진학한 학교가 강릉고등학교였습니다.

아무 연고도 없는 강릉으로 유학을 떠나게 되었는데, 이것이 내가 소설가로 성장하는 결정적인 배경이 되었습니다. 그 학교에 시인 원영동 선생님이 국어교사로 재직하셨습니다. 세상에 태어나서 내가 최초로 만난 시인이었습니다.

나는 그 선생님의 눈에 띄어 문예반에 들어갔고,『학원』에 투고해서 시나 소설이 실리기도 했고, 각종 문예콩쿨대회에 출품해서 입상도 했습니다. 나는 영어나 수학 공부에 집중하지 못하고, 엉뚱하게도『현대문학』이나 세계명작을 탐독하는 문학병에 멍들고 말았습니다.

대학 진학을 앞두고 아버지와 나는 의견이 엇갈렸습니다. 아버지는 내가 그 당시 인기가 좋았던 한양공대를 나와 큰 기업체에 기술자로 취직을 해서 월급 많이 받는 회사원이 되기를 원했고, 나는 장차 시인이나 소설가가 되기 위해 문예창작학과에 진학하겠다고 고집을 부렸습니다.

며칠을 두고 고민하던 아버지가 하루는 나를 불러 무릎 앞에 앉혀놓고 물었습니다. "저기 다리 밑에 가면 밥 얻어먹는 거지 봤제?" 내가 어린 시절에는 마을 어귀에 거지들이 떼를 지어 살았습니다. "네"하고 대답하니까 아버지가 다시 물었습니다. "작가란 말이다. 그 거지들하고 밥도 같이 먹고, 잠도 같이 잘 수 있어야 하는 사람인데, 너 그렇게 할 수 있겠느냐?" "그렇게 할 수 있습니다"하고 대답했더니, "그러면 너하고 싶은 대로 해라." 겨우 승낙을 받아 내가 원하는 대학에 입학할 수 있었습니다. 그로부터 10여 년이 지나서 나는 소망하던 소설가가 되었습니다.

아버지는 시쳇말로 '아들 바보'입니다. "내 아들 정 아무개가 소설가다." 아버지는 그런 식으로 '아들 자랑'이 너무 심했습니다. 당신 생각에는 흠모해 마지않는 삼봉 정도전의 후손이 소설가가 되었으니 더 더욱 자랑스러웠는지도 모르겠습니다. 하지만 당하는 저로서는 민망스럽고 낯간지러울 때가 한두 번이 아니었습니다.

그렇지만 내가 소설가가 되고 나서 아버지께서 내리신 엄명에 가까운 당부의 말씀을 나는 지금도 잊을 수가 없습니다.

"조선시대 역사를 살펴보면 글 잘 짓는 문장가들이 주로 높은 벼슬을 했다. 그런데 개중에는 아주 사악한 글로 임금과 백성을 속이고 사화(士禍)를 일으킨 문장가가 한둘이 아니더라. 뭐니 뭐니 해도 문장가는 정직해야 한다. 하찮은 글재주로 세상 사람을 속이는 다라운 짓은 절대로 하지 마라."

아버지는 지난해에 92세로 유명을 달리하셨습니다. 아버지 덕분에 나는 작가가 되었습니다. 아버지께서는 이 아들을 자랑스럽게 생각하셨는지 모르겠지마는, 나는 여러 가지 이유로 아버지 앞에서 항상 송구스러웠습니다.
"아버지, 정말 죄송합니다. 부디 영면(永眠)하소서."

소설가, 『월간문학』 신인작품상 등단, 저서 : 소설집 『이명』, 『숨은 사랑』, 『의혹』, 장편소설 『인간의 숲』, 『아들 나라』, 『신국』, 『대상』, 산문집 『사색의 강변에 마주 앉아』 등, 경기대 문예창작학과 대우교수, 국제펜클럽 한국본부 부이사장, 한국문인협회 편집국장, 한국문인협회 이사장 역임, 제1회 동포문학상·제45회 대한민국문화예술상(문학) 수상, 현 『계간문예』 발행인

열리지 않는 문

지 연 희

 마음 가난한 사람들에게는 가슴 속 깊이 열리지 않는 문이 있다. 쇠망치로 두드리거나 온몸으로 흔들어도 미동하지 않는 그리움의 문이다. 너무나 성급히 이별하여 감각의 손끝으로는 도저히 닿을 수 없는 저승에 계신 어머님이 오늘따라 더 뵙고 싶다. 자애로운 눈빛, 부드러운 음성, 넓은 두 팔 안의 온기, 어머니의 모든 숨결이 연기처럼 사라져 버린 지 오래다.
 기억의 끈으로도 엮을 수 없을 만큼 모든 감각을 가두어버린 저승의 문은 오직 죽음이라는 열쇠로만 소통이 가능하여 그 모습, 그 음성을 듣고 싶을 때는 눈물 먼저 흐른다. 잠깐의 나들이도 허용치 않는 곳에서의 어머니는 지금 어떤 모습으로 숨 쉬고 계실지. 아직도 이 자식을 기억하고, 아직도 이 자식을 사랑하고 계시는지 묻곤 한다.
 어머니는 어떻게 허허 벌판 같은 이승에 어린 딸의 손을 놓고 하늘 길을 밟고 가실 수 있었을까 생각한다. 뒤돌아보며, 뒤 돌아보며 떨어지지 않는 이별의 아픔을 밟고 가셨으리라 생각하지만 한때 어머니를 몹시 원망하기도 했었다. 그리움이 깊어 베

갯잇을 흥건히 적실 때, 가늠할 수 없을 만큼 병고에 시달릴 때, 어머니는 아픔의 대상이었다.

열세 살 어린 딸을 홀로 세상에 던져놓는 일 차마 서러워 어머니는 사흘 밤낮을 저승사자와 승강이를 하셨다. 빼앗긴 숨을 온갖 힘으로 찾아오시고 다시 빼앗긴 숨을 찾아오시는 일을 가쁘게 반복하다가 종래에는 사흘 만에 먼 허공에 눈길을 주시고 숨을 내려놓았다.

고사리 순 같은 딸의 손길이 닿자 눈꺼풀을 내려놓으시던 어머니의 눈가에는 젖은 눈물이 한강물로 흐르고 있었다. 그 사흘 전 앙상하게 마른 당신의 팔을 뻗어 팔베개를 해 주시고 "엄마가 세상에 없어도 잘 살아야 한다"하시며 이마를 쓸어내려 주시던 어머니는 그렇게 세상을 떠나가셨다.

겨자빛 염포에 일곱 마디로 염을 하던 염꾼들 곁에서 세상에서 가장 큰 이별의 아픔이 무엇인지 체험할 수 있을 때 나는 한 방울의 눈물도 흘리지 않았다. 어머니의 몸이 싸이고 허공에 뜬 눈을 가만히 닫아드리자 비로소 온몸으로 열어 놓았던 모든 가시적인 문이 완벽하게 닫히던 어머니의 얼굴은 겹겹의 종이로 봉인되어졌다.

그것이 마지막이었다. 생각의 흔적으로 재생시키는 어머니의 얼굴은 미완의 기억일 뿐 생명력을 잃어버린 그림으로 맥없이 흔들릴 뿐이었다. 그렇게 이별의 시간이 포개질수록 희미해져 가는 기억만큼 그리움은 살아나고 눈물은 깊어가기만 했다.

어머니를 산에 모시는 날은 동네 골목길 따라 배웅하던 이웃들의 슬픔이 줄을 이었다. 어린 계집아이는 상복 위에 요질과

수질을 두르고 자꾸 벗겨지는 짚신을 매만지며 어머니 뒤를 따랐다. 이장 어르신은 붉은 황토를 손에 쥐고 "묘 자리가 좋단다" 하시며 멍하니 마른 눈으로 서 있는 나에게 걱정하지 말라는 말씀을 하셨다.

그리고 어머니는 땅 속 구덩이에 내려졌다. 어른들의 말씀에 따라 한 삽의 흙으로 관 위에 취토를 하는데 비로소 마른 눈에 흐르기 시작하는 눈물은 오열로 바뀌고 말았다. 운명하셨다는 이야기, 염을 하는 순간에도, 상여가 동네를 지나는 순간에도 단단히 막혀 있던 눈물이 지하로 묻히는 그 두꺼운 단절의 벽이 상징하는 이별의 두려움을 오열로 섞고 있었다.

지금, 수십 년 어머니를 잃고도 끄떡없이 잘 살고 있는 나는 어머니가 세상에 사신 나이보다 배가 되는 나이를 숨 쉬고 있다. 그러나 그 어머니가 저 먼 곳 어디쯤에서 내 삶의 순간 순간을 지켜보시며 따뜻한 사랑을 베풀고 계실 것이라는 믿음을 버리지 않고 있다.

머지않은 음력 7월 19일 어머니의 제삿날이 다가온다. 올해도 언니는 갖은 나물을 무치고 어머니가 좋아하시던 고구마 감자전을 채반 가득 부치고 조기찜을 상에 올릴 것이다. 어머니 생전의 옛이야기는 덤으로 상에 오르는 게 순서다.

며칠 전 이웃집의 아픔이다. 이제 막 뱃속에 담고 있던 자견들을 분만하고 사경을 헤매는 어미견이 칭얼대는 새끼들을 품에 모아 안고 젖을 물리던 모성을 가슴 저리게 바라보았다. 그리고 다음날 아침, 어미는 막 태어난 어린 자견들을 제 몸 깊숙이 품어 안고 젖을 물린 채 숨을 내려놓고 말았다. 지난밤 주인이 마련해 준 음식도 먹지 않고 허기진 몸으로 새끼를 품에 끌어 모으던 어미 견이 눈에 밟힌다. 산고를 이기지 못해 숨을 거둔 어미는 남은 육신의 피 한 방울까지 자식을 위해 내어주는 거룩한 사랑을 보여 주었다. 하루 종일 자식 생각에 당신의 주름살이 늘어나는 줄 모르는 어머니는 생의 끝까지 수많은 자식을 위해 헌신하는 꽃이다.

시인, 수필가, 한국문인협회 수필분과 회장, 한국수필가협회 이사장, 국제펜클럽 한국본부 이사, 한국여성문학인회 부이사장 역임, 현 계간 『문파문학』 발행인, 저서: 수필집 『씨앗』 등 14권, 시집 『남자는 오레오라고 쓴 과자케이스를 들고 있었다』 등 6권, 제5회 동포문학상·제11회 한국수필문학상·제9회 구름카페문학상·한국예총 예술인상 문학부문·제7회 정과정문학상 대상 수상, 백교문학회 회원

효가 희망입니다

최 명 희

　어머니는 꽃을 참 좋아한다. 꽃을 보면 기분이 좋아지는 소녀 같은 어머니이다. 어머니 집엔 화사한 꽃과 꽃향기가 가득하다. 올봄엔 이런저런 핑계로 어머께 제대로 된 꽃구경 한 번 시켜드리지 못하고 차일피일 미루다가 어느새 꽃잎은 다 떨어지고 말았다.
　세월이 어떻게 이렇게 빠를까? 요즘처럼 계절이 바뀌는 시기에 세월의 변화를 실감한다. 봄풀은 아직 꿈도 깨지 않았는데 오동나무 잎에서는 벌써 가을 소리가 난다는 시 한 구절이 절로 생각난다.
　부끄럽다. 꽃잎이 진 다음에야 꽃이 핀 것을 아는 자신이 부끄럽다. 어쩌면 나이를 먹는다는 게 책임지는 것일진대, 이제야 꽃이 지고 있는 것을 보았다. 또 이렇게 먹먹한 가슴으로 봄날은 가는가 보다.
　어버이날을 며칠 앞두고 어머니께서 전화가 왔다. 업무로 바쁜데 내 생각하지 말고 찾아오지 않아도 된다고 전화를 주셨다. 이미니는 항상 그랬다. 대학시절 공부할 때도 그랬고, 공직생활로 고향을 떠나 근무할 때도 그랬고, 지금 이렇게 엎어지면 코 닿을 거리에 있는데도 어머니는 항상 자식 걱정이 먼저다.

전화로 안부는 종종 묻기도 하지만, 보고 싶거나 머리가 복잡할 때 가끔씩 연락 없이 어머니 집에 들른다. 깜짝 놀라시지만, 집안에 가득한 꽃처럼 환하게 반겨준다. 방문을 열면 몇 해 전에 돌아가신 아버지 사진과 마주친다. "아버지 저 왔어요"라고 마음으로 인사를 하면, 아버지는 "왔니, 어미랑 애들은 잘 있지? 혼자 계시는 엄마한테 잘해야 된다. 그리고 공직자로서 본분을 잊지 말거라"라고 늘 그랬듯이 말씀을 하시는 것 같다. 어머니께서 된장국 끓여 줄 테니 저녁 먹고 가라고 한다. 조금만 있다가 가 봐야 한다고 하니, 표현은 안 하지만 섭섭할 법도 한데 이내 빨리 일보러 가라고 한다.

모든 어머니가 다 그렇겠지만, 자식에 대한 마음이 한결 같다. 외로우면 어쩔까 걱정하면 외롭지 않다고, 아픈데 없냐고 물으면 아픈데 없다고, 필요한 것 무엇이냐 여쭈면 그저 없다고만 한다. 아버지 돌아가신 후 부쩍 늙은 팔순을 넘은 노모는 허리 굽어 지팡이 아니면 한참도 못 걸으면서도 당신 늙는 것은 괜찮은데 너 나이들어 아깝다고 볼 때마다 아들 주름살 걱정한다.

그런 어머니를 보며 내리사랑은 있어도 치사랑은 없다는 속담처럼 자연스럽게 자식사랑을 배운다. 사랑을 진정한 가슴으로 느끼게 해주는 어머니가 있어 힘든 일이 있어도 이겨내는 것 같다. 이것이 어머니의 사랑이고 가족의 힘이고 가정의 소중함인가 보다.

요즘 신문 펼치기도, 뉴스 보기도 솔직히 두렵다. 하루가 멀다 하고 끔찍한 사건들이 확인되고 있기 때문이다. 이럴 때일수록 가정의 소중함과 한국인의 정신문화이며 민족문화로서 우리 삶의 정신인 효문화를 되새겨 봤으면 한다.

아동학대, 성범죄, 자살 등 최근 늘어나는 사회문제의 근본 원인은 우리 모두의 가정생활이 건전하지 못한 데서 연유한 결과라고 해도 과언이 아닐 것이다. 오늘날 도처에서 남의 생명을 가볍게 빼앗고 또 자기 자신의 생명마저 가볍게 버리는 풍조가 성행하고 있는 것도 따지고 보면 우리가 가정을 잃어버린 데서 오는 병폐가 아닐지 모르겠다.

5월에는 가정과 연관이 있는 행사가 많다. 어린이날, 어버이날, 입양의 날, 스승의 날, 부부의 날 등 기념일들이 잇따른다. 5월을 가정의 달로 정해 놓은 것은 가정이 얼마나 소중한 지를 일깨워 주는 반면, 우리가 돌아봐야 할 만큼 가정이 위기에 처해 있다는 뜻으로도 해석되리라 본다. 아무리 세상이 많이 바뀌고 현대를 상실의 시대라고 하지만 우리는 너무나 많은 것을 잃어버리고 살아간다. 전통과 문화와 가정을 잃으면서 그 속에서 역동하고 있는 정신마저 잃어버려서는 안 된다.

아직까지 노인을 공경하는 문화가 살아있지만 예전에 비해 그 의미가 많이 퇴색했다. 나이 많은 어르신을 뒷방 늙은이로만 대하지 말고 공경해야 한다. 노인들이 살아온 세월에 대한 지혜를 인정하고 오늘이 있게 한 분들을 공경하는 것이다. 결국에는 기성세대와 신세대가 서로를 인정하고 존중하는 사회가 되어야 한다고 본다.

길에서 마주치는 어르신들이 우리 사회를 이끌어 왔고, 세월이 흘러 우리가 또 그렇게 그 길을 걸어갈 것이다. 헌신적인 사랑으로 후손들을 길러 오신 모든 어버이께 존경의 마음을 표하고 효를 근본으로 하는 경로효친사상이 널리 전파되어 건전한 사회가 되기를 희망해 본다.

이미 세계는 인간 존엄의 위기 상황을 극복할 수 있는 대안으로, 가정의 윤리문제와 자녀의 인성교육 해결을 위한 활로로 한국의 경로효친사상을 주목하고 있다. 모든 인성교육의 시작은 가정에서의 효 실천이며, 이웃과 타인을 어버이처럼 공경할 때 사회와 나라의 질서가 바로 설 수 있다는 이유 때문인 것이다.

오늘따라 유난히 아파트 공원에서 산책하는 할아버지와 할머니의 다정한 모습이 눈에 들어온다. 더 늦기 전에 이번 주말에는 만사 제쳐놓고 어머니 집에 들러야겠다. 당신이 좋아하는 백합 꽃다발을 가슴에 품고 가, 환하게 웃는 모습도 보고 예전 음식 솜씨만큼은 아니지만 사랑이 가득한 된장국도 맛있게 먹고 와야겠다.

수필가, 강릉시장, 월간 『한국수필』 신인상 등단, 한국문인협회 · 백교문학회 회원.

세계 속의 사모정(思母亭)공원

최 무 규

주말이면 강릉시 경포동 핸다리마을에 있는 사모정공원을 즐겨 찾는다. 집에서 승용차로 가면 10분 거리도 안 되지만 나는 산자락으로 이어지는 들길을 따라 10리쯤 되는 거리를 걸어서 간다. 길을 따라 걷다보면 길섶에 흐드러진 들꽃도 만나고 특히 요즘 같은 초여름엔 눈이 부시도록 푸르른 아카시아 숲이 마음까지 시원하게 해준다.

사모정공원은 이 마을 출신 원로 언론인 권혁승 회장에 의해 조성되었다. 죽헌 저수지(경포지) 제방 아래 우리나라 특유의 육각형 전통정자(사모정)를 짓고 그 주위에 소나무, 백일홍, 매화나무, 오죽 등 관상수를 심어 놓았다. 공원으로 들어가는 길 양편에는 고향과 부모님을 그리는 시비들이 들어서 있고, 또 한 켠엔 유명 도예가인 권순형 전 대한민국예술원 회장의 조형물도 설치되어 있다. 정자에 오르면 넓게 트인 핸다리 들녘이 한 눈에 들어오고, 공원 앞으로 흐르는 시냇물 소리가 도시 공해에 찌든 심신의 피로를 씻어주는 듯하다.

고향 사랑이 남다른 권혁승 회상은 30여 년 전 영동고속도로

가 개통된 뒤 대관령 중턱에 강릉을 대표하는 사임당의 사친시비를 세우도록 구상하여 설계도면까지 마련해 주는 일을 하였다. 대관령 중턱은 사임당이 친정어머니 곁을 떠나 한양으로 올라갈 때 늙으신 어머니를 생각하며 뒤돌아보고 또 돌아보며 눈물 짓던 곳으로 유명하다. 어머니를 그리는 애틋한 사모의 정이 그 사친시비에 고스란히 녹아 있고 그 뜻을 기리기 위해 권혁승 회장이 몸소 나선 것이다.

그것이 계기가 된 것인지 8년 전에는 어린 시절을 보낸 핸다리마을에 사모정공원을 사비를 들여 조성하였다. 건립 취지문에서 밝혔듯이 "사모정공원이 미래의 등불인 젊은이들에게 고향을 사랑하고 마을의 전통을 지키며, 효사상을 함양시키는 정신적 문화공간이 되기를 바라는 마음"에서이다. 그 뜻을 이루기 위해 백교문학회를 조직하고 문학상을 제정하여 7년째 시행하고 있다.

매년 10월이 되면 사모정공원에서 백교문학상 시상식을 개최한다. 효사상과 애향심이 깃든 문학작품을 공모하여 우수작품을 선정, 시상하고 있는데 올해로 7회를 맞이하게 되었다. 우리나라엔 수많은 문학단체가 있지만 이처럼 문학을 통해 사친문학이라는 새로운 장르를 정립하려는 문학회는 모르긴 해도 백교문학회가 유일할 것이다.

백교문학회에서는 날로 사라져가는 우리나라 고유의 효사상을 함양하고 세계화를 추진하기 위하여 효와 사친을 주제로 한 문학잡지 『思親文學』을 올 가을에 창간했다. 이 또한 우리의 효사상을 세계에 알리는 좋은 길잡이가 될 것이다.

백교문학회는 한국인의 효사상을 국내외에 널리 알리기 위한 작업도 추진하였다. 효사상 함양과 세계화 운동의 첫걸음으로 효를 주제로 한 글 모음집 『세상의 빛, 어머니 사랑』을 발간 (2015년)하여 국내 200여 개 도서관에 비치하였고, 영문판『THE LIGHT OF THE WORLD, MOTHER'S LOVE』도 만들어 세계 65개국 130개 도서관에 비치, 열람토록 하였다. 아울러 2018년에 개최되는 평창동계올림픽을 문화올림픽으로 승화시키기 위하여 세계 80개국 IOC위원 114명에게도 전달, 한국의 효사상이 올림픽 정신과 함께 가족사랑 정신을 일깨워 인류문화발전에 기여하도록 하였다.

사모정공원은 올해로 조성된 지 8년이 되었다. 권혁승 회장은 막대한 비용을 마다하지 않고 기꺼이 사재를 털어 대대적인 확장 공사를 하여 공원의 면모가 크게 일신되었다. 정자 뒤뜰에는 서예가인 권회장이 붓으로 쓴 '효사상 세계화의 발원지, 효향 강릉'이라고 새겨진 높이 3m의 오석 조형물이 새로 설치되어 있다. 그리고 그 좌우에는 '효사상을 세계로'라는 취지문을 영어, 일본어, 중국어로 번역한 석각 조형물이 세워져 있어 이곳을 찾는 외국인도 쉽게 알아볼 수 있게 하였다.

공원에서 특히 눈길을 끄는 것은 아기를 업은 어머니상이다. 커다란 오석에 새겨져 있는 이 조형물은 어머니의 위대함과 모자의 사랑이 얼마나 깊은가를 일깨워 주고 있다. 그리고 그 건너편에 아름답게 세워진 모정의 탑과 효심의 탑으로 이름지어진 두 채의 돌탑 앞에 서면 누구나 절로 그동안 소원했거나 잊었던 어버이를 그려보며 부모님을 만나는 시간을 가질 수 있다.

이 공원은 앞으로 이곳을 찾는 많은 사람들이 가정의 화목과 안녕을 기원하는 장소로, 또 어린 학생들의 효사상 교육의 장소로 발전해 나가기를 기대해 본다.

권혁승 회장은 이러한 기대를 꿈꾸며 일련의 공원 확장사업을 추진하였다. 이를 위해 지난 1년간 강릉 햇다리마을과 충남 보령의 오석 석재상을 10여 차례나 오가며 손수 감수하고 30톤이 넘는 오석을 운반하여 설치하는 등 노구에도 불구하고 고향 강릉과 효의 세계화를 위해 온갖 정열을 쏟은 그의 노고에 박수를 보낸다. 이처럼 뜻있는 한 사람의 열정이 있어 2018년 동계올림픽대회를 전후하여 강릉을 찾는 외국인들도 효를 가슴 절절히 새기고 어버이의 사랑을 다시 깨닫게 될 것이다.

깊은 산 속 작은 샘터에서 시작한 물이 강이 되어 수만 리 대륙을 적시고 흐르듯이 한국의 조그마한 전통문화도시 강릉에서 발원한 효의 물결이 유유히 흘러 전 세계에 퍼져 나가기를 기대해 본다.

영국의 세계적인 석학 아놀드 토인비는 "한국이 인류문화 발전에 이바지한 것은 바로 효사상"이라고 지적하고 "한국의 가족제도와 효사상이 세계에 널리 번지게 되기를 바란다"고 강조했었다. 우리의 가족사랑과 효사상이 한국인의 근본사상으로 승화되고 나아가 전 세계에 널리 퍼져 인류가 가족사랑으로 화목해지길 기원해 본다.

한국의 효사상이 세계로 퍼지게 되면 우리의 문화영토도 그만큼 넓어지게 되고 아울러 한국인의 자긍심과 국격(國格)도 높아지게 될 것이다. 그리고 우리나라 화폐에도 등재되어 있는 이

율곡과 신사임당이 살아 숨쉬는 오죽헌과 강릉 핸다리마을의 사모정공원은 효의 성지가 되어 세계 곳곳의 순례자들이 끊이지 않고 찾게 될 것이라 믿어 의심치 않는다. 아무쪼록 효사상 세계화 운동이 활발하게 전개되어 지구촌이 효문화의 낙원이 되어 온 인류가 가족사랑으로 화목하고 건강해지기를 기대해마지 않는다.

수필가, 『한국문인』 등단, 백교문학회 창립회원, 영동수필문학회 회원, 저서 : 기행수필집 『바깥세상 나들이』, 수상집 『사랑하는 손자들아』

효 문화 얼

홍일식 – 孝와 사랑으로 가정의 복원부터
임철순 – 어버이의 행장 기록하기
김종두 – 효의 길, 사람의 길, 행복의 길
박승현 – 따뜻한 마음과 효 문화

孝와 사랑으로 가정의 복원부터

홍 일 식

우리가 잃어버린 것들

미래는 언제나 준비하는 사람의 몫이라고 합니다. 일찍이 역사의 신(神)은 준비 없는 사람에게 미래의 영광을 준 적이 없기 때문입니다.

그러면 미래의 영광을 위해 지금 우리는 무엇을 어떻게 준비해야 하겠습니까? 여기에는 먼저 미래 사회에 대한 정확한 예측이 전제되어야 합니다. 미래를 예측하는 것이 쉬운 일은 아니지만 아주 어려운 일도 아닙니다. 과거가 쌓여 오늘이 이루어진 것처럼 미래 또한 오늘의 결과일 것이기 때문입니다. 따라서 과거와 오늘의 문명 현상을 정확히 분석·파악한다면 미래의 모습이 어느 정도는 떠오르게 마련입니다.

지금까지 인류문명사의 큰 흐름을 다음과 같이 요약할 수 있습니다. 사회경제사적으로는 오랜 원시 농경사회에서 산업사회로, 다시 정보화사회를 지나 지금은 고도의 전문지식사회를 거쳐 로봇과 인공지능사회로 변해가고 있습니다. 이것을 다시 지배구조의 측면에서 보면 군사주권시대에서 경제주권시대로, 다시 기술주권시대를 지나 바야흐로 창의적 문화주권시대를 향해 달려가고 있습니다.

　다가오는 인공지능사회, 즉 문화주권시대에는 대다수 단순반복적 일자리가 사라지고 인간은 문화와 엔터테인먼트를 창조하는 주체가 될 것입니다. 창조적 인류가 진짜 평화와 복지를 누리면서 살아갈 수 있는 범세계적 문화영토시대가 열려가고 있습니다.

　그러나 불행히도 벌써부터 "외로워서 못 살겠다"고 아우성을 치는 시대가 되어가고 있습니다. 주변에 사람이 없어서 외로운 것이 아닙니다. 대중 속에서의 고독입니다. 대도시에서도 나 홀로 가구가 늘어나고 혼밥족(혼자 밥 먹는 사람들)이 전혀 이상하게 보이지 않는 현상이 이를 가속화하고 있습니다. 오늘날 세계적으로 애완동물, 주로 반려견(伴侶犬)과 동거하는 사람이 폭발적으로 늘어나고 있는 현상이 바로 미래사회의 예고편이라고 생각합니다.

　그러면 어째서 인류에게 이런 '고독'이라는 정신적 불행이 찾아오게 되었을까요? 지난 세기까지 인류문명사는 서구식 근대화였습니다. 그 결과 우리는 엄청난 물질적 풍요와 복지, 그리고 온갖 편의를 얻었습니다. 하지만 보다 더 크고 귀한 것을 잃었습니다.

　인간의 얼굴, 사람의 마음, 인정(人情)을 잃어버렸습니다. 서구의 근대정신은 과학적 합리주의를 바탕으로 하기 때문에 개인을 강조합니다. 그러나 개인 가치를 지나치게 강조하다 보면 이기심(利己心)으로 치닫게 마련입니다.

또, 근대화와 산업화는 세계적으로 대가족제도를 붕괴시켰습니다. 이후 핵가족제로 바뀌어 갔으나 근래에는 아예 결혼 자체를 거부하거나 기피하는 젊은 세대가 날로 늘어가고 있습니다. 그러니 이제는 따뜻한 사랑과 인정의 보금자리인 가정 자체가 증발해 가고 있습니다. 오늘날 선진국(?)에서 떠돌이 노숙자(露宿者)가 점점 늘어나는 것은 이 때문입니다. 이것은 왜곡된 근대 자유주의에 의해 중독된 이기심의 결과가 아닐 수 없습니다.

어머니는 절대神이다

이처럼 이기적 자기 편의와 지나친 개인의 자유만을 추구해 온 현대인에게 '집단고독증후군'이라는 새로운 정신질환이 찾아온 것은 오히려 당연합니다. 그런데 이 집단고독증후군을 치료할 신약(新藥)은 아직 개발되지 않고 있습니다. 기존의 종교·사상·이념·철학은 이미 유통기간이 지난 식품 같아서 이 새로운 질병을 치유할 여력이 없습니다. 오늘날 각 분야의 세계적인 석학들, 특히 저명한 미래학자들까지도 미래를 '불확실성의 시대'라고 개탄만 하고 있습니다. 무책임한 말 같지만 정직한 말입니다.

하지만 낙담할 필요는 없습니다. 절망할 필요는 더욱 없습니다. 동양의 고전인 『주역(周易)』에 물극필반(物極必返)이란 말이 있습니다. 모든 사물이 극(極)—한계—에 달하면 반드시 되돌아온다는 말입니다. 맞는 말입니다. 일찍부터 역사는 반복된다는 말이 우연히 생긴 것이 아닙니다. 따라서 다가오는 문화주권시대, 즉 문화영토시대에는 잃어버린 사람의 얼굴과 메말라

버린 인정을 되찾자고 아우성을 치게 될 것이 틀림없습니다.

따라서 이제 분명해진 것은 앞으로 인류의 이 무서운 집단고독증후군을 치유할 신약과 백신을 개발해내는 집단이 역사 창조의 주역으로 부상할 것이라는 사실입니다. 그런데 이 신약개발 경쟁에서 그 누구보다도 우리 한국인이 대단히 유리한 입장에 있는 것이 분명합니다. 왜냐하면 우리의 전통문화와 고유한 정서 속에는 이 신약의 원자재가 풍부하게 내재되어 있기 때문입니다.

문명사적 견지에서 보면 지난 세기의 우리는 서구식 근대화 과정에 지각생으로 편입해 들어가느라고 온갖 고초를 다 겪었습니다. 한때는 나라의 명맥마저 끊기는 비극까지도 감내해야 했습니다. 하지만 역설적으로 말하면 그랬기 때문에 오히려 인간의 마음, 따듯한 인정을 지금까지 지녀 올 수 있었지 않았나 생각합니다. 근대화 과정에서 우리는 누구보다도 빠른 압축된 산업화와 정보화를 거쳐왔기 때문에 고유의 문화와 정서를 잃었던 기간이 그다지 오래되지 않을 수 있었습니다.

그래서일까요? 나는 직업상, 성격상 일찍부터 동서양의 여러 나라와 많은 종족들을 찾아다니면서 그들의 문화, 특히 생활문화를 유심히 관찰해 왔습니다. 그중에 우리 문화만의 특징 중 하나는 서민들의 상거래에서 '덤'을 주고받는 관행입니다. 지금도 농촌이나 재래시장 어디서나 인정(人情)이 넘치는 이 '덤'의 관습은 다른 나라 다른 지역에서는 전혀 볼 수 없는 독특한 관행입니다. 또 우리 음식(한식)점에서 지금도 부식(반찬)을 손님의 요구에 따라 얼마든지 추가로 무료 제공하는 풍속도 이 '덤'

의 관행과 다르지 않다고 생각됩니다. 이것이 곧 우리 한국인 감성의 핵심적 결정체가 아닐까요?

평소 가깝게 지내는 가톨릭 신부님께 이런 얘기를 들은 적이 있습니다.

경상북도 청송인가에 있는 교도소는 몹시 흉악한 범죄자들을 주로 수용하고 있는 곳이랍니다. 평소에 그들(죄수)은 마음의 문을 굳게 닫고 누구의 무슨 말도 들으려고 안할 뿐만 아니라, 반발심이 심해서 여간 조심스럽지가 않다고 합니다. 그런데 놀랍게도 그들에게 어머니 얘기를 하면 태도가 달라진다고 합니다. 특히 어렸을 때 경험했을 어머니와의 추억을 일깨우면 냉혈 같던 그들 눈에서도 굵은 눈물방울이 뚝뚝 떨어진답니다.

이 얘기를 들려주던 그날 그 신부님의 짧은 마지막 한마디가 인상적이었습니다. "그들도 결국 어쩔 수 없는 한국사람이더라구요…" 그렇습니다. 세상이 열백 번 변해도 우리 한국인에게 어머니는 절대신(神)이기 때문이 아니겠습니까?

孝와 慈로 붕괴된 가정 되살려야

솔직히 말해서 지금까지 우리의 문화와 민족·국가사는 인류 역사 창조과정에서 주류가 아닌 비주류였고, 능동적 주체가 아닌 객체였으며, 앞에서 이끌어가는 중심부가 아니라 따라가는 주변부였던 것이 사실입니다. 그러나 이제는 상황이 달라졌습니다. 역사의 방향이 크게 바뀌어가고 있습니다. 바야흐로 문화주권시대, 문화영토시대가 열려가고 있는 것입니다. 인류의 새로운 시대 의지는 인간성을 회복하려는 강한 의욕입니다.

그러니 이제 우리 한국인에게 다시없는 절호의 기회가 다가오고 있습니다. 오랜 세월 동안 의식 저변에 잠재되어 있던 한국인 특유의 DNA가 활짝 피어날 조건이 성숙되어 가고 있는 것입니다. 기회는 기다리는 사람에게 주어지는 것이 아닙니다. 준비하고 노력하는 사람에게만 주어지는 특권입니다. 한국인이 새 역사 창조의 주역이 되려면 지금 세계적으로 붕괴되어 가는 가정을 되살리는데 모범(模範)을 보여야 합니다. 그리고 가정에서 효(孝)와 자(慈)의 싹을 틔워 가꾸어 나가는데 앞장을 서야 합니다.

이렇게 하려면 먼저 온 국민이 일대 각성과 분발을 해야만 합니다. 이것을 불가능한 공상이라고 체념하거나 포기해서는 안 됩니다. 불과 반세기 전에 우리는 숙명 같았던 가난에서 벗어나기 위해, 온 국민이 허리띠를 졸라매고 경제발전에 매진했었습니다. 모두들 불가능하다고 생각했던 '한강의 기적'을 이루어냈고, 새마을운동으로 전 세계의 모범이 되는 도농(都農)간 균형발전도 성공적으로 달성했습니다. 이것은 결코 기적도 우연도 아닙니다. 오랜 세월 잠재되어 있던 우리 전통문화의 DNA가 때를 만나 크게 용출한 결과입니다. 더구나 지금은 반세기 전 그때와는 비교가 안 될 만큼 객관적 상황이 훨씬 유리합니다. 게다가 우리에게는 유사 이래 우리의 주특기인 문화주권을 마음껏 펼쳐 보일 기회로 지금만한 절묘한 때가 없습니다. 다만 내적으로 국론을 통합하지 못해 사회적 혼란이 만연되고 있을 뿐입니다. 하지만 난세(亂世)에 영웅이 나온다고 하지 않습니까? 나는 머지않아 뚜렷한 국가철학과 분명한 역사의식을 가진 큰

지도자가 반드시 나오리라고 봅니다.

시·군·구 文化院이 앞장서야

이제 우리가 제2의 새마을정신으로 이 역사적 사명을 이루어 내기만 하면 우리 문화와 민족·국가사가 드디어 인류역사 창조에서 비주류가 아닌 주류로, 수동적 객체가 아닌 능동적 주체로, 따라만 다니는 주변부가 아니라 앞에서 이끌어가는 선두주자로 크게 각광을 받을 것이 틀림없습니다. 그래서 한강의 기적을 뛰어넘어 문화주권시대에 온 세계가 우러르는 21세기 문화대국, 문화영토의 종주국(宗主國)으로 확고한 자리매김을 해야만 하겠습니다.

지난 날 조선왕조에서 경향(京鄕) 각지에 고을마다 조직 설치했던 서원과 향교가 교민화속(敎民化俗)에 크게 기여했던 것처럼 지금 전국 시·군·구마다 설치 운영되고 있는 문화원(文化院)이 이 과업 완수에 앞장선다면 성공은 의심할 여지가 없다고 생각합니다.

문학박사, 고려대학교 총장· 한국외국어대학교 재단 이사장, 서울문화사학회 회장, 고려대민족문화연구원 원장 역임, 현 세계효문화본부 총재, 한국인문사회연구원 이사장, 저서 : 『한국전통문화시론』, 『한국개화사상사』, 문화영토시대의 민족문화, 『나의 조국 대한민국』, 『한국인에게 무엇이 있는가』 외, 제7회 아산효행대상·제1회세종문화상 수상, 문화훈장 보관장, 청조근정훈장.

어버이의 행장 기록하기

임 철 순

사친에는 두 가지가 있다. 事親은 어버이를 섬기는 것이고, 思親은 어버이를 그리워하며 생각하는 것이다. 두 가지 사친을 하나로 묶는 말은 효 또는 효도다. 살아 계실 때는 事親이요, 돌아가셨을 때는 思親이다. 두 사친의 바탕은 몸을 아끼지 않는 갸륵한 정성과 몸이 부서지는 듯 애타고 안타까운 그리움이 아닐까.

'어버이 살아신 제 섬기기란 다하여라. 지나간 후면 애닯다 어이하리. 평생에 고쳐 못할 일이 이뿐인가 하노라.'

이것은 송강 정철이 쓴 事親의 시조다.

'어려선 안고 업고 얼러주시고 자라선 문 기대어 기다리는 마음'을 노래한 양주동의 「어머니 마음」은 애끊는 思親의 노래다.

'나무가 잠잠하려 하나 바람이 멎지 않고 자식이 봉양하려 하나 어버이는 기다려 주시지 않는다[樹欲靜而風不止 子欲養而親不待]'고 한다.

부모 상실이나 어버이의 부재는 아쉽고 가슴이 아픈 일이다. 생전에 아무리 事親을 잘 했더라도 돌아가신 어버이를 그리는 정은 누구나 똑같다. 아니다. 생전에 잘했던 사람일수록 思親의 한과

정이 더 깊고 크다. 어버이 그리는 정을 무엇에 모아 담고, 어버이 보고픈 마음을 무엇으로 표현하랴?

　옛사람들이 제사에 혼신의 정성을 기울이고 조상의 유택을 고르는 데 그토록 신경을 쓴 것은 다 그런 절절한 思親의 표현이다. 특히 어버이의 행장(行狀)을 충실하게 기록하는 것은 어버이의 아름다운 행실을 길이 남겨 후손들은 물론 일반인들의 귀감으로 삼기 위함이었다. 어버이의 행장 중에서도 선비(先妣)의 행장이 특히 읽는 사람들의 가슴을 치는 이유는 아버지와 다른 어머니의 자애로움이 뼈에 사무치기 때문이요, 아버지와 달리 이름도 알려지지 않고 성으로만 남는 여성에 대한 안쓰러움이 겹치기 때문일 것이다. 가난과 결핍 속에서 한 많고 설움 많은 삶을 꾸려가면서도 지아비와 자식들을 위해 말없는 희생과 티내지 않는 봉사로 일생을 마친 여인들이 있었기에 우리네 가정이 지탱돼 왔고, 효도와 우애의 가풍이 온전할 수 있었다.

　조선 선비들의 어머니 행장에는 감동적인 내용이 참 많다. 시부모와 지아비에게 잘하는 것은 물론, 출가외인으로서 친정과의 거리 두기를 비롯한 예의범절에 흐트러짐이 없고, 대가족사회의 주부로서 본분을 다하는 모습에 빈틈이 보이지 않는다. 그뿐인가, 이웃과의 교제나 가난 구제에도 소홀함이 없어 칭송이 자자하다.

　거의 살아 있는 성인의 모습이다. 어버이에 관한 자식의 기록에는 어차피 자랑과 과장이 섞이기 마련이지만, 기록에 나타난 행동거지가 어떤 점에서는 천편일률적이고 개성을 찾아보기 어려운 경우도 많다. 그런 시대와 비교하면 오늘날에는 효도의 방법이 다양하다. 맛있는 것도 많고 보여드릴 곳도 많고 함께 즐길 거리도 얼마나 풍부하고 다양한가. 그리고 우리는 지금 얼마나 잘살고 있는가. 다만 효도하는 마음과 정성이 옛만 같지 못할 뿐이다. 그래서 불효자방지법 입법까지 추진돼 온 게 아닌가.

어버이의 행장을 기록하는 방법도 정말 다양해졌다. 앨범과 같은 사진자료를 만들고 말을 녹음하고 글을 쓰는 게 얼마나 쉬운가. 어버이가 이 세상을 떠나면서 자식들에게 말을 남기는 수단도 참 많아졌다. 다만 지나치게 가볍고 익지 않은 채 날것으로 떠다니는 것 같은 점이 아쉽다.

종이를 비롯한 모든 물자가 귀하고 일과 기억의 재생과 복원이 불가능하던 시대에는 온갖 기록에 정성을 기울일 수밖에 없다. 기록과 기억은 유일무이한 보물이다. 정확한 전승이 그래서 더 중요해진다. 이런 것을 생각하며 오늘의 기록에 충실하게 임하는 것이 지금 세대의 사람들이 노력해야 할 점이 아닐까. 과거와 같은 방식의 글쓰기, 일정한 틀과 판에 얽매인 기술(記述)이 아니라 다양하고도 솔직한 기록을 통해 어버이의 모습을 남기는 것이 바람직하다. 의식주와 행락을 통해 잘 모시는 것은 기본이지만 살아생전의 어버이 모습을 가치 있는 기록으로 남기는 것이 중요하다.

어버이의 행적을 기억하고 남기는 것은 **事親**과 **思親**, 이 두 가지가 서로 맺어지는 접점이며 효도의 시작이면서 마무리일 수 있다고 생각한다.

언론인, 한국일보 편집국장 · 주필 역임, 현 이투데이 이사 주필 겸 미래설계연구원장, 한국언론문화포럼 회장, 저서 : 『효자손으로도 때리지 말라』, 『노래도 늙는구나』

109

효의 길, 사람의 길, 행복의 길

김 종 두

　인간은 누구나 행복을 추구하며 살아간다. 하지만 행복은 그리 쉽게 오지 않는다. 예로부터 우리는 "효를 하는 사람에겐 행복이 오지만 불효를 하는 사람에겐 재앙이 온다"고 여겨 왔다. 『성경』에도 "네 부모를 공경하라. 그리하면 네가 잘되고 장수하리라"고 이르고 있다.
　행복은 걱정이 없는, 흐뭇한 상태를 말한다. 그렇다면 이런 행복은 어디로부터 오는 걸까? 수많은 행복론 연구자들은 행복을 놓고 목적이냐 수단이냐, 마음이냐 환경이냐, 개인의 문제냐 주변 환경의 문제냐, 권리냐 의무냐, 유전적이냐 후천적이냐 등 의견이 다양하다. 그러나 행복의 조건은 대체로 '건강'과 '돈', 그리고 '관계'를 꼽고 있는데, 여기서 건강과 돈은 개인적 노력으로 어느 정도 가능하지만 관계는 개인적 의지만으로 되지 않는다. 친친애인(親親愛人)과 계지술사(繼志述事)의 원리가 적용되는 것이다. 공자가 인(仁)을 강조한 것은 곧 두 사람간의 관계를 강조하고 있는 것이다. 인간의 행복은 즐거움과 삶의 의미를 통해서 온다고 한다. 즐거움은 배우자(연인), 친구 등과의 관계에서 오지만, 삶의 의미는 부모와 자식의 관계를 통해 온다. 명절 때 고속도로가 주차장으로 변할 정도의 혼잡함과 고생을 마다하지 않고 고향을 찾는 이유는 삶의 의미가 그곳에 있기 때문이다. 결국 행복을 좌우하는 열쇠는 관계이고, 그 관계는 가족에서부터 시작된다. 이런 점에서 가정윤리와 가족사랑으로 표현되는 효는 사람이 가야 할 길이요, 행복의 조건이다. 이는 다음과 같은 효의 기본원리를 통해서도 알 수 있다.

첫째, 효는 경천(敬天)의 삶을 원리로 한다. 경천은 하늘을 우러러 경배하는 마음이다. 우리 민족은 천손(天孫)민족으로서 하늘의 보호 아래 유구한 역사를 이어오고 있는 축복받은 나라다. 「애국가」에도 '동해물과 백두산이 마르고 닳도록 하느님이 보우하사 우리나라 만세…'라고 기록하고 있다. 우리가 흔히 부모에게 불효하는 패륜아(悖倫兒)를 보면 "넌 하늘이 무섭지 않느냐", "천벌을 받을 것이다"라고 훈계하게 되는데, 이는 하늘의 뜻과 연계된 것이다. 『효경』에 '(효는)부모와 자식이 가야 할 길이며, 이는 하늘이 정해 준 바다(父子之道天性也)'라고 했고, 『불경』에도 '하늘은 자기 집에 있나니 하늘을 섬기고자 하면 먼저 부모님께 공양하라. 예배를 하고자 하면 먼저 부모님께 예배해야 한다'고 이르고 있는데, 이러한 삶의 사례로, 세 살 때 불구가 된 채 누워 지내는 68세 된 딸을 돌보는 101세의 엄마 박옥랑 여사 등을 들 수 있다.

둘째, 효는 사랑과 공경의 삶을 원리로 한다. 행복은 사랑과 존중의 인간관계를 필요로 한다. 사랑은 "어떤 사람이나 존재를 몹시 아끼고 귀중히 여기는 마음"이고 공경은 "공손히 받들어 모신다"는 뜻이다. 효를 사랑으로 표현하면 부모와 자식의 조건 없는 사랑은 '아가페' 사랑이고 자식이 부모를 봉양하는 사랑은 '스토르게' 사랑이며, 형제간 상호 우애로움은 '필리아' 사랑이고, 결혼한 아들·딸 내외의 부부애는 '에로스' 사랑인데, 이는 모두 효와 연관된다. 『효경』에 '부모를 사랑하는 사람은 다른 사람을 미워하지 않고, 부모를 공경하는 사람은 다른 사람을 업신여기지 않는다(愛親者不敢惡於人 敬親者不敢慢於人)'고 했고, 『예기』에 '가장 큰 효는 부모를 공경하는 것이다(大孝尊親)'라고 하여 사랑과 공경을 강조하고 있다. 이러한 삶의 사례로, 중학생 때 친구의 축구공에 맞아 실명(失明)한 시각장애인 강영우 학생을 당시 숙명여대 영문과 학생으로 봉사활동을 나왔다가 만나 평생 반려자로 살면서 사랑과 존중으로 남편과 두 아들을 성공시킨 석은옥 여사 등을 들 수 있다.

셋째, 효는 관계와 조화의 삶을 원리로 한다. 효는 부모와 자식의 상호적 관계를 기초로 조화(調和, Harmony)를 추구하는 사랑의 덕목이다. 때문에 효는 공동체를 형성케 하는 원리일 뿐 아니라 조화와 질서의 덕목으로 작용한다. 본디 관계는 둘 이상이 서로 연관되어 있는 상태를, 조화는 서로 잘 어울리는 상태를 뜻하는데, 이는 당사자 상호간 쌍무적인 노력이 있을 때 가능하다. 공자는 효(孝)와 제(悌)를 인(仁)을 이루는 근본이라 했고, 정약용은 인(仁)은 사람(人)이 둘(二)이니 부모와 자식, 형제자매의 관계에서 시작된다 하여 친친애인(親親愛人)의 원리와 연계하고 있다. 그리고 하모니는 오케스트라나 합창에서 보듯이 각각의 영역에서 역할과 본분을 다할 때 이루어질 수 있는 것이므로 효는 가정에서 부모와 자녀, 형제자매가 각각의 역할과 본분을 다할 때 가능한 것이다.『효경』에 "부모를 섬기는 사람은 윗자리에 있어도 거만하지 않고 아랫자리에 있어도 질서를 어지럽히지 않으며 같은 무리와 함께 있어도 서로 다투지 않는다(事親者 居上不驕 爲下不亂 在醜不爭)"고 했는데, 이는 가정에서의 관계를 시작으로 이웃과 사회, 국가와 자연으로 확대됨을 뜻한다. 이러한 삶의 사례로는 신사임당과 율곡 이이 등을 들 수 있다.

넷째, 효는 덕성과 의로움을 원리로 한다. 효심이 있는 사람은 덕성과 함께 의로운 삶을 살아가기 마련이다. 우리는 흔히 친구나 동업자를 대할 때, 부모를 잘 모시고 자녀를 잘 양육하는 사람과는 마음 터놓고 지낼 수 있지만, 그와 반대의 삶을 사는 사람과는 그렇게 할 수가 없다. 그 사람의 덕성과 의로움을 신뢰할 수 없기 때문인데, 공자는 "효는 덕의 근본이요 모든 가르침이 그로 말미암아 생겨난다(孝德之本也 敎之所由生也)"고 했고, 순자는 "효는 의를 따르는 것이지 부모를 따르는 것이 아니다(孝子從義 不從父)"라고 했다. 이처럼 효는 덕성과 의로움에서 시작되는 것인데, 이러한 삶의 사례를 든다면 세상에 의로운 삶의 빛이 되고 있는 퇴계 이황의 삶 등을 들 수 있다.

다섯째, 효는 자기성실과 책임을 원리로 한다. 성실(誠實)이란 도덕을 기초로 최선을 다하는 것, 정성스럽고 참되게 하는 것이다. 그러니 자기성실은 자기 자신에게 정성스럽고 진실되며, 도덕을 기초로 최선을 다하는 것이다. 그리고 책임은 자기 자신의 삶과 관련되는 것에 대해서 가지는 의무감이다. 때문에 자신을 낳아주고 길러주신 부모님께 걱정 끼치지 않고 기쁘게 해드리는 자기성실로 책임을 다하는 삶을 살아야 하고 자신이 사랑으로 낳은 자식에 대해서 책임을 지는 부모가 돼야 한다. 『성경』에 "네 이웃을 네 몸과 같이 사랑하라"는 신앙의 원칙은 자신을 사랑해야 이웃을 사랑할 수 있다는 뜻이 포함돼 있다. 그러므로 나의 소중함을 기초로 타인의 소중함을 인정해야 하며, 자기성실성을 바탕으로 부단한 자기계발(自己啓發)을 통해 입신양명(立身揚名)으로 보은해야 하는 것이다. 그리고 부모 된 자로서 자녀를 사랑으로 양육해야 하는 것은 피할 수 없는 책임이요 의무다. 효심을 기초로 자기 성실과 책임을 다하는 삶을 살았던 사례로 충무공 이순신 장군과 안중근 의사 등을 들 수 있다.

최근 우리 사회는 효도계약서와 자녀학대 사건 등 패륜현상이 늘고 있다. 이는 가정에서부터 사람이 가야 할 길인 효를 가르치지 않은 데서 비롯되고 있는 것이다. 효(孝, HYO)는 좁은 의미로는 부모와 자식, 형제자매의 관계에서 시작하는 가정윤리·가족사랑이지만, 넓게 보면 어린이와 청소년을 사랑하고 어른과 스승을 공경하며 자연 사랑으로까지 관계를 확대하는 실천적 의미를 가진다. 그래서 중국의 효는 孝(老+子), 미국의 효는 Filial Piety로 표기하여 일방성의 의미인 반면, 우리의 효는 효(孝, HYO)이다. 孝는 '考+子(정신의 효)', '老+子(물질의 효)'이고, HYO는 'Harmony of Young & Old'의 약자로 하모니를 뜻한다. 보다시피 중국과 미국의 효는 일방향성이지만 한국이 보는 효는 쌍방향성임을 알 수 있다. 따라서 가정에서부터 쌍방의 효를 인식해야 한다. 이것이 인간의 길이요, 행복으로 가는 길이다. 효는 인간을 바른 길로 가게 하고, 행복의 길로 안내하는 덕목이자 보편적 가치인 것이다. 우리 모두가 효의 길을 가야 하는 이유가 여기에 있다고 하겠다.

국방대학교 리더십 센터장 겸 교수, 한국효운동단체총연합회 사무총장 역임, 현 성산효대학원대학교 교수, 저서 :『효패러다임의 현대적 해석』,『효와 소통의 현대적 리디십』 등

따뜻한 마음과 효 문화

박 승 현

우리 사회는 지난 몇 십년간 여러 가지 방면에서 급격한 변화를 겪어 왔다. 사람들 간의 관계뿐만 아니라, 가족의 구성과 그 문화도 심한 변화를 겪어 왔다.

지금 우리사회에서 '효'란 말을 사람들에게 건네면 어떤 반응을 보일까? 누구나 다 인간으로서 마땅히 실천해야하는 도리라는 것을 부정하지는 않을 것이다. 그럼에도 불구하고 마음 한 구석으로는 부담감으로 작용하고 있다는 사실도 부정할 수 없을 것이다.

그 단적인 예로 90년대 이후, 특히 IMF시기를 지난 다음부터 명절이 다가오면 어김없이 매스컴에 등장하는 것이 '명절증후군'이란 말이다. 필자의 기억으로 어린 시절 명절이 다가오면, 뭔가 모를 설렘이 있었던 것 같다. 친척들이 모여 맛있는 음식을 나눠 먹고, 즐겁게 놀기도 하고, 서로의 유대감을 키워가는 자리였던 것 같다.

하지만 지금은 명절이 다가오면 별다른 감흥 없이 연례행사 정도로 치부해 버리는 것 같다. 어린아이들에게도 명절이 설렘으로 다가오는지를 물어보면 아마도 부정적 대답이 더 많을 듯하다.

　사람들이 모여 윷놀이 등과 같은 '놀이'를 하는 것은 가족 간의 유대감을 형성해주는 매개로 작용한다. 그런데 최근 명절에 가족들이 모여 같이하는 놀이가 사라져 버렸다. 몇 년 전까지만 해도 하다못해 고스톱이라도 쳤던 것 같다. 이제는 이마저도 하지 않는다. 모였다가 단지 음식만 나눠먹고, 헤어지기 바쁜 것 같다.

　가족들 간의 관계가 형식적으로 변해가고 있고, 가족들의 만남이 부담되고 즐겁지 않다는 것을 반증해주는 것이다. 그렇기 때문에 명절이 피곤한 행사로 다가오고, 심지어 명절증후군이란 말도 출현하게 되는 것이다.

　또한 가족관계 뿐 아니라 사람들의 관계도 과거에 비해 더 소원해진 것 같다. 최근 지하철의 노약자 보호석을 두고 젊은이와 연세 드신 분들 간의 충돌(?)에 관한 것이 종종 SNS를 통해서 사회적 화제로 등장하기도 한다. 뿐만 아니라 나이든 사람들 간에도 그것 때문에 불편한 상황을 연출하는 경우도 쉽게 찾아볼 수 있다.

　단적인 예이지만 명절증후군이란 용어가 출현하고, 지하철에서의 노약자 보호석을 두고 서로 앉으려고 다투는 현상이 자주 발생하는 원인은 어디에 있을까?

　그것은 아마도 우리가 상대방을 존중하고 공감하려는 마음이 부족하기 때문은 아닐까? 우리가 생활하면서 지켜야 하는 수많은 덕목과 규범이 존재한다. 예를 들어 사람을 만나면 어떻게 인사하고, 어떤 태도를 취해야 한다는 등의 사회적 약속이 존재한다.

그러한 형식적 규범에 앞서 먼저 갖추어야 할 것이 상대를 존중하고 배려하는 마음일 것이다. 이러한 마음이 빠져버린 형식적인 도덕규범은 겉으로만 그럴듯하게 보이는 가식(假飾)일 수 있다. 그래서 공자도 "예라 예라 하는데, 옥이나 비단 같은 예물만을 말하겠는가? 음악 음악 하는데, 종과 북 같은 악기만을 말하겠는가? : 禮云禮云, 玉帛云乎哉? 樂云樂云, 鐘鼓云乎哉?"-『논어』「팔일」)라고 말한다.

공경스러운 자세로 옥이나 비단을 쓰는 것이 예(禮)이고, 화락한 마음을 종이나 북으로 표현해 내는 것이 악(樂)이다. 그러나 예의 근본은 옥과 비단에 있는 것이 아니며, 악의 근본도 종과 북에 있는 것도 아니라는 것이다.

그렇다면 예와 악이 진정한 의미를 갖기 위해서는 무엇을 갖추어야 하는가? 공자는 "사람이면서 인(仁)하지 않으면 예(禮)는 해서 무엇 하며, 사람이면서 인(仁)하지 않으면 악(樂)은 해서 무엇 하겠는가? : 人而不仁, 如禮何? 人而不仁, 如樂何?"(-『논어』「팔일」)라고 말하고 있는 것이다.

사회적인 도덕규범이라고 할 수 있는 예악(禮樂)에 앞서 인(仁)을 갖추어야 한다는 것이다. 그렇다면 인(仁)이란 무엇을 말하는 것일까? 공자가 말하는 인(仁)을 흔히들 훈고학적 해석으로 人+二=仁, 즉 사람들 사이에 지켜야할 형식적인 도덕규범이나 덕목의 하나로 해석하는 경우를 종종 보게 된다. 그것은 공자의 근본사상을 제대로 파악하지 못하고 일부만 보여

주는 것이라 생각된다.

공자가 말한 인(仁)은 대상을 사랑하는 것이고, 대상을 존중하는 것이고, 대상을 배려하는 것이며, 또한 공손, 관대, 신의, 민첩함, 은혜 등등의 마음을 가리키는 것이다. 한마디로 표현하면 자신을 돌아볼 수 있고, 남을 배려하고 존중하는 '따뜻한 마음'이라고 할 수 있다.

남을 배려하고 존중하는 따뜻한 마음이 빠져버린 도덕적 규범은 형식이거나 가식으로 빠져들 가능성이 많다. 이러한 따뜻한 마음과 반대되는 '차가운 마음'으로는 남의 고통과 아픔을 제대로 볼 수 없을 것이며, 항상 자기중심적으로 생각하게 될 것이다.

차가운 마음에는 공감능력을 찾아볼 수 없다. 따뜻한 마음이 있을 때 비로소 공감능력을 발휘할 수 있을 것이다. 공감능력이란 상대의 입장에서 생각하고 판단하려는 노력일 것이다. 우리가 흔히 "당신을 사랑합니다", "당신의 입장에서 생각하겠습니다", "사랑합니다"를 종종 상대가 나에게 무엇을 해줄 것인지를 먼저 생각하는 이기적 방식으로 해석하고 있는 것 같다.

그래서 공자는 모든 도덕규범은 이런 인(仁)이란 따뜻한 마음에 근거해서 실현될 때만이 그 진정한 의의와 가치를 가질 수 있다고 주장한다. 이러한 의미는 공자와 제자 재아(宰我)와의 3년 상(喪)에 대한 대화에서 잘 나타나 있다. 이 대화에서 공자는 인(仁)을 '마음의 편안함(安)'과 '마음의 불편함(不安)'으로 인(仁)의 자각(自覺)을 설명하고 있다.

재아는 나름의 합리적인 두 가지 근거를 가지고 삼년 상이 너무 긴 것이 아닌가하고 공자에게 질문을 하였다. 하나는 삼년 동안 상을 지내게 되면, 아무도 예악을 배우지 않을 것임으로 예악이 붕괴되어 전승되지 못할 것을 걱정하는 것이다. 이것은 사회공리적인 관점에서 문제를 제기했다고 할 수 있다. 또 하나는 곡식의 수확도 일 년에 한 번이고, 사시의 변화도 일 년에 한 번씩 갈마들게 되므로 일 년 상이면 충분하다고 이유를 제시한다. 이것은 자연 질서의 변화를 근거로 자신의 주장을 펼친 것이다.

공자는 이 부분에 대하여 논리적으로 접근하지 않고, 비유적으로 다만 부모의 상을 당하였을 때 비단 옷과 쌀밥을 먹으면, 너의 마음이 편안한지 안한지를 묻는다. 공자의 질문에 재아가 편안하다고 대답하자, 이 대답에 대하여 공자는 재아를 불인하다고 평가한다. 만약 재아가 편안하다(安)고 말한 것이 불인(不仁)하다고 한다면, 편하지 않다(不安)는 것이 바로 인(仁)함을 드러내는 길이 될 것이다.

공자가 보기에 삼년 상을 하고 안하고는 산술적 계산이나 수량적 많고 적음의 문제가 아니라, '양심'의 문제라는 것이다. 불안하다는 것은 바로 우리의 양심이 깨어 있음을 말하는 것이다. 양심이 깨어있으면 인간이 도덕적으로 마땅히 해야 할 일을 하지 않았을 때 느끼는 불안감(不安感)을 갖게 된다는 것이다. 이 불안감을 외적으로 표현하는 것이 바로 인의 존재를 드러내는 것이 되는 것이다.

이것은 이론적인 분석의 문제가 아니고, 인간이면 누구나 이러한 도덕적 상황에 직면했을 때 스스로 느끼고, 자각할 수 있는 것이다.

스스로 반성만 하게 되면 언제든지 이것을 자각할 수 있고 그 존재를 확인할 수 있다. 이것이 바로 인한 마음, 즉 따뜻한 마음이 깨어있고 활동하고 있음을 말하는 것이다.

현재를 돌아보면, 우리는 자신이 편한 방식으로만 판단하고 행동하는 것, 즉 자기중심적으로만 생활하고 있는 것은 아닌지 반성하게 된다. 유가에서 강조하는 오륜(五倫) 중에 부자유친(父子有親)도 부모와 자식 간에 '친함'이 있어야 된다고 강조한다. 여기서 말한 친함은 서로 사랑함이 있어야 한다는 것을 말한다. 부모의 입장에서는 자애로움, 자식의 입장에서는 효성스러움이 있어야 한다. 자애로움과 효성스러움은 둘 다 사랑함의 다른 표현일 것이다. 앞에서 언급한 것처럼 '사랑함'이란 바로 상대를 배려하고 존중하는 것이고, 상대의 입장에서 이해하고 판단하려는 것이다.

『논어』에서도 "효성스러움(孝)과 공손함(悌)은 인(仁)을 실천하는 근본이 아니겠는가? : 孝弟也者, 其爲 仁之本與"(-「學而」)라고 말하고 있다. '효성스러움'과 '공손함'은 겉으로 드러난 행동과 태도를 말할 때도 있지만, 여기에서는 효성스러운 마음과 그 마음에 따라 드러난 행위를 가리키는 것으로 이해해야 할 것이다.

그러한 효성스러운 마음과 공손한 마음을 바탕으로 할 때만 '인간다움'을 실현하는 출발점으로 삼을 수 있다는 것이다. 여기서 말하는 인간다움이란 무엇일까? 그것을 한마디로 표현하면 바로 '짐승탈출'이라고 할 것이다. 짐승의 최고의 목표는 생존에 있다고 할 것이다. 인간도 생존이 최우선의 과제이지만, 인간은 생존을 넘어 언제나 남과 더불어 사는 '공존'을 고민한다. 남과 더불어 사는 공존을 고민하는 그 지점에서 도덕이 발생하는 것이다.

도덕은 바로 자신의 의지로부터 나오는 것이다. '도덕적 의지'가 바로 앞에서 말한 따뜻한 마음이 될 것이다. 우리는 지금 '효(孝)', '제(悌)' 등과 같은 도덕적 규범의 실천을 강조하기에 앞서 그것을 실현할 수 있는 근본인 '따뜻한 마음'으로부터 발휘되는 공감능력을 먼저 회복해야할 것으로 보인다. 이러한 따뜻한 마음이 있을 때, 비로소 스스로에게는 자기 존중감이 일어날 것이고, 타인에게는 배려와 존중의 마음을 발휘하게 될 것이다. 그것이 바로 더불어 사는 인간다운 삶이 될 것이다. 이것이 공자의 사상이 오늘날 우리의 삶에 주는 살아있는 교훈이 될 것이다.

철학박사(북경대학), 현 원광대학교 마음인문학연구소 연구교수, 중앙대학교 교양학부 강의 전담교수 역임, 논문 : 「유가의 관점에서 바로 본 이상적 인간」, 「노자철학에 있어서 명상과 치유」 등 다수, 저역서 : 『유교의 마음공부』(공자), 『동서철학의 회통』(역서, 모종삼 저)

시 2
그리움

권석순 – 어머니
권정남 – 바리춤을 추고 싶다
권혁승 – 고향길
김경미 – 봄 편지
김기덕 – 사모곡(思母曲)
김진상 – 어버이 사랑
김혜경 – 광릉요강꽃
박용래 – 헛기침
이무권 – 아버지
이부녀 – 늙은 어머니의 유모차
조영웅 – 어머니, 지금 곁에 안 계시지만
허대영 – 어머니
홍승자 – 풋김치

어머니

권 석 순

어머니
고맙습니다

내 어머니기에 고맙습니다
내 얼굴을 가장 먼저 봐 주시고
내 얼굴을 마지막까지 보다 가신
내 어머니기에 고맙습니다

어머니
고맙습니다

시인, 강원일보 신춘문예, 『월간문학』으로 등단, 저서 : 『감꽃 목걸이』 외 다수
현 강원대와 강릉원주대 출강, 백교문학회 회원

바라춤을 추고 싶다

권 정 남

보름달 같은 바라를 들고
뒤집었다 폈다, 쟁쟁 허공을 때리다가

명부전(冥府殿) 위패 속에서
다리가 아프도록 서 있는
내 유년의 아버지를 불러내어
사뿐사뿐 바라춤*을 추고 싶다

소금기로 절여졌던 내 삶을 허공에 펼치며
물결처럼 흔들리다가, 접동새처럼 흐느끼다가
윤기 나는 바라로 하늘을 닦다가
번쩍번쩍 내 눈물을 닦다가

'황금빛 바라 엎으면 하늘이요. 젖히면 땅이라'

둥둥 두둥둥
죽은 자와 산 자가 하나 되어
흰색 가사 장삼 펄럭이며
빙빙 허공을 도는 흰나비가 되어
여승이 되어

은행잎이 비처럼 떨어지는 날
저승에서도 나를 못 잊는
객사한 아버지와
빙그르르 버선발로 춤을 추고 싶다.

* 바라춤 : 亡者의 극락왕생을 위해 불교에서 천도재를 지낼 때
　　　추는 춤

시인, 1987년 『시와 의식』 등단, 시집 : 『속초바람』 외 3권, 강원문학상 외 다수 수상, 한국문인협회 · 한국시인협회 · 관동문학회 · 백교문학회 · 강원여성문학인회 · 속초문인협회 회원

고향길

권 혁 승

석양 속에 어머니가
모솔 산모퉁이를 돌아온다
머리 위 함지박 속,
조막만한 새 운동화가 방실거린다.

사슴마냥 길어진 막냇누이가 줄달음이다
누렁이가 먼저 달려 나간 길
돌배나무가 벌써 어머닐 마중한다.

십리 장터 길을 오고 갔던
어머니의 작은 발이 피곤에 지치고
질끈 동여맨 무명치마 허리끈이 숨을 몰아쉬면
성황당에 올려놓은 조약돌이 꿈을 꾸고 있다.

젊은 내 어머니와 소 몰던 까까머리 소년이
나무지게 지고 거닐던 핸다리 그 길에는
오늘도 어머니가 아련한 고택으로 돌아온다.

언론인, 수필가, 서예가, 백교문학회 회장

봄 편지

김 경 미

어머니
쑥부쟁이 잔별처럼 웃네요
나는 지리멸렬 아낌없이 쏟아지는 봄볕에
달콤한 몸살을 앓지요

낯익은 얼굴처럼 봄이 왔어요
분분한 꽃향기 아득하여 눈을 감으면
어디선가 풍경소리 들리네요

허둥대던 몸태까지 붉어진 바람은
흙냄새로 길을 열구요
못 견디게 간지러운 순정은
해마다 더 붉어지네요

어머니
우리도 쑥부쟁이 잔별처럼 웃어요
길을 묻던 바람도 오수에 드는 봄이 왔네요

물 오른 가지마다 봄눈 내리 듯 스멀스멀 눈가를 간질
이구요

나무들은 가지 가득 꽃등 달고 동해 바다로 향하네요

나는 이 봄날에 雨花亭, 雨花亭
꽃비 내리는 정자 한 채 짓고 싶어요

어머니와
속없이
속없이 그리 살고 싶어요

시인, 1992년 등단, 시집 : 『먹감나무 하느님』, 『물의 화법』 등, 강릉여성문학인회 회장 · 시문학동인 열린시 회장 역임, 백교문학회 회원, 현 강원여성시인회 회장, 제18회 최인희문학상 · 강릉문학상 대상 수상

사모곡(思母曲)
－어머니 탄신 100주년 추모

김 기 덕

오백 년 이어온 왕조(王朝)가 마지막 숨을 거두기 한 해 전
광활한 뒷들(北坪) 남서쪽 봉정리의 고래등 같은
옛날 기와집 '꾀꼴댁'에서 태어나시어, 방년 나이에
이웃마을 배골(梨島里)의 청빈한 '단실댁' 선비집안으로
시집오신 우리 어머니 홍아기 조반나
하느님 나라로 떠나신 지 12년이 지나고, 태어나신 지
올해로 100년의 세월이 흘러 한 세기가 되었다

어릴 때 어머니 손잡고 외가에 나들이할라치면
한밤중 뒤란 울울창창 대나무 숲에서 들리는 휘~익 하는
바람소리가 귀신소리로 들려 어머니 치맛자락에 매달리고
부엉이 방귀 뀌어 큼지막한 옹이가 생겼다는
뒷산 노송은 지금도 그대로 있을까
추억의 강을 거슬러 올라가 본다

어머니 일생은 우리나라 근대 역사
일제 36년을 옹골지게 겪으시고, 해방, 전쟁, 혁명의
회용돌이 속에 자식들 올곧게 키우시느라 얼마나

힘드셨으면 '찌리고 따갑다'는 말을 입에 달고 계셨을까

전쟁이 끝나고 궁핍했던 유년 시절
이름말, 비천골로 함께 쑥 캐러 다니시던 어머니 회상
부뚜막에 고사떡 차려놓고 아들딸 잘 되라고
삼신할머니한테 빌고 또 빌던 모습
지금은 잔영이 되어 그리움으로 남아 있다

동네 제삿날 생일날 모두 외워
총기 좋기로 온 마을에 이름을 날리시고
여름철 어머니가 해주신 천렵국 추억의 맛은
지금도 세상 온갖 산해진미 맛을 무색케 한다

서울 사는 셋째아들 집에 다니러 오셨어도
제대로 호강 한 번 못 시켜 드리고
바쁘다는 핑계로 동물원 구경도 못 시켜 드린 것이
지금껏 가슴 속에 회색의 멍울로 남아 있다

막내아들 집 삼성동 아파트에서
막내딸 사는 홍실아파트로 가시느라
넓은 영동내로 선널목의 짧은 신호등에 맞추려

치맛자락 휘저으며 팔자걸음으로 뜀박질하듯 건너시던
그 모습이 지금도 눈에 밟힌다

슬하에 3남 2녀, 오남매를 두시고
그들이 또 네 명의 손자와 여섯 명의 손녀를 낳고
그 손자 손녀가 또 증손, 외증손 열두 명을 낳고
대를 이은 사위 며느리 합쳐 가솔이 서른아홉 명,
어머니 뿌린 씨앗들이 세세손손 번창하여
하늘나라에서 어머니 다시 뵙기를 두 손 모아 비옵니다

큰딸 마리아 수녀 인도로 하느님을 섬기시며
새벽 미사에 참례하여 기도로 날 새우시던,
지금쯤은 천상에서 만복을 누리고 계실 어머니

돌아가시던 해에는, 큰 소리로 무슨 이야기를 하여도
히죽 웃기만 하시고 알아듣지 못하시더니
이윽고 아버지 기일(忌日) 아흐레 앞두고
우리 곁을 떠나가신 어머니

초록산록 양지바른 묘택에 몸 누우시고
열두 폭 병풍 펼쳐놓은 듯 아름다운 취병산을

눈이 시리도록 바라보시며
자손들 안녕을 밤낮으로 빌고 계실 어머니

어머니 돌아가신 지 이제 겨우 10년 남짓
어머니 여윈 슬픔도 시간 속에 풍화되어
눈물이 마르고 가슴 저려옴이 무뎌져
더 불효자 되기 전에 이 사모곡을 올립니다

어머니 부름 받아 이 세상에 태어난 우리 오남매
여든 줄, 일흔 줄에 접어들며 앞서거니 뒤서거니
어머니 곁으로 돌아갈 나이테들입니다

부디 하늘나라에서, 먼저 가신 아버지와 함께
이승에서 못 다한 해로를 영원토록 누리소서!
어머니, 우리 어머니!

시인, 경영학 박사, 저서 : 시집 『종이배의 행로』, 산문집 『한여름 밤의 꿈』, 홍익 대학교 교수 역임, 한국눈인협회 · 백교문학회 회원

어버이 사랑

김 진 상

온갖 고난을 무릅쓰고
오직 자식 위해 헌신하신
부모님의 소중한 한 생애

기억 속에 그려지는
부모님의 끝없는 사랑
내 생전에 잊을 길 없어
가슴에 빚지고 살아가느니

내 어린 시절 명절을 맞는다고
새 신발 사서 신어보라며
흐뭇한 미소 지으시던
아버님의 사랑

온 밤을 지새워
해어진 옷일랑 기워 입히시고
다독거리며 기뻐하시던
어머님의 사랑

수많은 사랑의 손길 쌓였건만

살아생전에 마음 다해
정성으로 보답지 못한 불효
어찌 후회 없을 수 있으리오

즈믄 밤 지새워 그리워한들
달랠 길 없는 공허한 마음
아쉬움만이 가슴 가득 하여라

시인, 『한국문인』 신인문학상 등단(시·평론), 저서 : 시집 『연못 속의 물고기』, 『화원의 초대』, 『바람은 꽃잎으로 내리고』, 『그리고 희망을』, 『별빛 내리는 언덕』, 공저 『한국명시선집』 외 다수, 한국문인협회 대외협력위원, 국제펜클럽 한국본부 경기지역운영위원, 백교문학회 회원, 제35회 한국민통협문학상·제8회 한국문인상·제12회 탐미문학상 본상·제28회 성남문학상·창작문학상 수상, 월간 『시사금융』 '이 달의 시' 연재 중

광릉요강꽃

김 혜 경

석양을 등에 지고
허물어지는 허리로
요강에 올라있던 그녀,
곱디곱던 그녀가 떠올라
꽃무리 속으로 그녀 만나러 간다
초록 꽃받침 타고 앉은 요강꽃
분홍볼에 복사꽃 피던 그녀
초록 휘파람 불던 때 있었다
그때 그 요강이
광릉으로 건너와 피었구나
꽃이 불멸이듯
어머니도 그런 이름으로
내 곁에 요강꽃으로 피어나고,
피어나고 있다

시인, 2012년 『시인정신』 신인문학상 등단, 강원현대시문학회 · 강릉문인협회 · 강릉여성문인회 회원

헛기침

박 용 래

일상의 시작을 알리는
신호탄
절대권자의 들고나는
時報
누추한 衣冠의 매무새와 위엄의
가늠
만족스러운 가르침을 긍정하는
끄덕임
어두운 밤길을 가는 존재의
기척
궁벽한 살림의 무게를 덜고 싶은
허세
불면 속 불편한 운신을 감내하는
신음

기억할 수 있는 날부터 귀에 밴
낮은 태산의 울림

이젠 가슴 속 귀울림(耳鳴)으로 남은

그리움의 소리, 믿음의 말씀,
아버지의 외로웠던 언어.

시인, 1999년 『한맥문학』 신인상으로 등단, 시집 : 『숨은 그림 숲』, 초등학교장 정년 퇴임, 백교문학회 회원

아버지

이 무 권

가끔 우리의 오감은 사물의 실재를
질러오거나 늑장을 부릴 때가 있는 것 같다.

아버지 떠나신 지 열네 해, 이제야
숯가마가 된 아버지의 가슴이 보이고
그 휑한 공동에서 불어오는 바람,
삼동 저물녘 강가에서 맞던 바람만큼 차갑고 쓸쓸하다.

그럭저럭 잘 키웠다고 자부하던 아들들
세상 바람에 맞서 지친 모습 보일 때
좀 더 힘 있고 넉넉한 아비되어 주지 못하는 안쓰러움
내 가슴에 삽질하는데,

아무것도 해준 게 없다며 늘
미안하다는 말만 거듭하시던 아버지
나이보다 웃자라는 그 절망을
어떻게 태워 보냈을까.

어쩌면 아흔둘
아버지 나이쯤 되면

내 가슴에도 시꺼먼 공동 하나
아버지의 그 바람을 불러올지 모르겠다.

시인, 『한맥문학』 등단, 저서 : 시집 『별도 많고』 외 2권, 시선집 『높새라도 불면』, 원주문인협회 고문

늙은 어머니의 유모차

이 부 녀

노모에겐 자가용이 하나 있다
열쇠도 필요 없고
기름을 넣지 않아도 되는
어릴 적 내가 타고 다녔던
햇빛 가리개가 있는 유모차

손잡이가 부서지고
바퀴가 낡아서 삐거덕 삐거덕 굴러가지만
노모에겐
단 하나밖에 없는 든든한 서방이다

십여 년 전만 해도
지팡이 하나면 거뜬하던 나들이를
바퀴가 네 개가 달린 자가용을 끌고도
코가 땅에 닿을 듯한 노모의 행차는
고행의 경지를 넘어선 수행이다

그 옛날
육남매의 웃음소리를
가득 실어 나르던 그 길

빈 유모차에 햇살만 허기롭게 채우고

한 걸음 내딛는 노모의 모습 뒤로
단풍처럼 익어가는
지천명의 목숨
한 하늘 아래
두 어머니를 본다

시인, 시낭송가, 한국문인협회 · 강릉여성문학회 · 하서문학회 · 백교문학회 회원,
사회복지법인 대화어린이집 원장

어머니, 지금 곁에 안 계시지만

조영웅

제발 불뚱가지 죽이며 살아라,
세상일 다퉈서 되는 일 하나도 없으니.

언제나 엇나가는 자식의 묵정밭에서
손을 놓지 못하시던 어머니.

어머니,
지금 곁에 안 계시지만

어쩌다 소스라쳐 놀라 잠 깨는 밤이면

잠자는 아들 얼굴을 들여다보면서
하늘에 지은 죗값 치르며 사는 폭 친다며
눈물을 감추시던 어머니.

모두 내 잘못이다.

밭이랑에 잡초를 뽑듯
이때나 저때나

사람이 되라, 달빛처럼 타이르시던
어머니 말씀 들으면서 삽니다.

시인, 1992년 박재삼 추천으로 등단, 시집 : 『꿈꾸는 편마암』, 『사막고양이』 외 10권, 강원문학상 · 동포문학상 · 공무원문예대전 우수상 · 강원공무원문학상 본상 · 강원펜문학번역작품상 수상, 국제펜클럽 한국본부 · 한국문인협회 회원, 강원공무원문학회 · 강원펜클럽 부회장, 한국문인협회 평창지부장

어머니

허 대 영

다리를 다치신 지
한 달이 되어 가던 어느 날,
정형외과에 가서 사진을 찍으시고는
바지를 입으시려 하시는데, 휘청하셔서
잽싸게 바지 끝에다 손을 넣어
어머님 다리 한쪽을 끌어당기고
또 다른 다리를 마저 당기려는데,
아 그런데,
생전 처음 어머님 옷 입혀 드리고 있는데,
갑자기 머리를 꽝 꽝 때린다.

'내가 어렸을 때,
우리 엄마는 내 바지며
속옷이며, 양말이며, 잠바를
몇 번이나 벗기고 입히고,
그리고 빠셨을까?
눈 덮인 겨울 개울가

한 뼘이나 되는 얼음장을 깨고….
아! 어머니.

시인, 월간 『아동문학』 · 계간 『시조문학』으로 등단, 저서 : 『봄이면 매봉채는 진달래 바다』, 『영월찬가』, 『다시 불어오는 바람』 외, 강원문학상 · 한국사도대상 · 동곡상(교육연구부문) 등 수상, 강원문인협회장, 강원예총회장, 춘천교육장 역임

풋김치

홍 승 자

얼큰한 풋김치를 담그다가
칼에 벤 얼얼한 손끝보다 더 따갑게
어머니가 그리워집니다

첫물 고추 꽃이 하얗게 피고
햇감자 나기 조금 이른 철에는
고추밭 골에서 알맞게 자란
열무와 여리배추 솎아내 맨 손으로 뚝딱 버무린
풋풋한 어머니의 요술 김치 맛이 그리워집니다

그맘때면
엷은 하늘이 통째 내려앉은 모시치마가
빨랫줄에 시원한 발을 드리우고
학교에서 돌아온 나는 그 치마 그늘에서
우아하고 정갈한 어머니의 냄새를 맡으며
여름을 여는 무성한 성장예감으로 들떴습니다

그렇게 조바심치던 시절은 어머니의 따뜻한 품이었는데
일찍 결혼해 생의 통과의례를 거치는 동안 내 고생의 문 안으로는
  수시로 어머니의 근심어린 탄식이 드나들었고
  어머니의 근심으로 내 근심을 덜어주시던

나는 늘 어머니의 아픈 손가락이었습니다

자식들 형편을 염려하시던 일 다 접고
자존심의 줄 끝을 아슬아슬 줄타기하던 어머니
멀리 강릉 사는 딸네 집에 오신 노독에 지쳐
깜빡깜빡 정신에 불을 켜던 애처로운 모습 잠깐 풀어놓고
먼만큼 그리움 길게 늘이고 사는 딸에게
설마, 설마 하던 당신 증세 그만 들키고 마셨지요

살아생전엔 못난 딸로 아픔을 더하셨는데
한 번이라도 그때 더 뵙지 못하고
멀리 산다는 핑계로 미련스레 산 제게
세상 떠나시며 그 아픔을 다 유산으로 남기셨나요
좋아하시던 꽃과 곱디고운 옷감만 눈에 밟히는 게 아니고
별것 아닌 것으로도 문득
가슴을 수세미로 문지르듯 아릿아릿 쓰려옵니다
풋김치처럼 퍼렇게 짓뭉개진 그리움, 나의 어머니

시인, 1991년 『시대문학』 등단, 시집 : 『직립하는 것들은 아름답다』, 허난설헌 문학상 · 정심문학상 · 관동문학상 · 강원여성문학상 수상, 백교문학회 회원

수필 2
사랑 그 아름다움

김승웅―동란 중에 체험한 母情
김중석―엄마
김진무―어머니의 낙원
김학순―나의 효 이야기
박성규―그리움은 강이 되어 흐르고
이광식―사친시(思親詩)를 감상하다가
이희종―모정(母情), "내 죽어서 한 마리 새가 되어…"
정철교―효사상의 세계화
조숙자―아버지 냄새
조중근―한 마리 나비되어
최종수―어머니

동란 중에 체험한 모정(母情)

김 승 웅

돌아가신 어머니는, 자식의 입에서 꺼내기는 무척 불경스런 표현입니다만, 재주가 넘치시는 분이었습니다. 꾀가 비상하시고 환경의 변화에 무척 기민하게 대처하셔서 부안에서 금산으로 시집오시자 몰락해 가는 집안을 일으키시고 자식들을 일찌감치 서울로 진학시켜 김가(哥) 문중에서는 처음으로 대학을 졸업시킨 분이셨습니다.

문제는 재주가 지나친 나머지 집안을 곤궁에 빠트릴 때도 있었습니다. 6·25가 나던 해의 이야깁니다. 저의 식구는 금산읍내 군수 관사 옆에 붙은 아담한 집을 버리고, 읍내에서 30여 리 떨어진 장둥이로 피란을 갔습니다. 그곳 장둥이의 수백 마지기 부농(富農)집으로 출가한 어머니의 친여동생 집 별채에 딸린 머슴방을 빌려, 여섯 식구가 무더운 한여름을 지냈습니다.

지금 곰곰이 생각하니, 석 달 동안 이모네 집 신세를 지면서도 어머니와 이모가 다정하게 이야기 나누는 걸 한 번도 본 적이 없던 걸로 미뤄, 어머니는 피란온 여동생 집이 별로 맘에 들지 않는 듯해 보였습니다. 그래서일까. 이모네 집을 비우는 일이 잦았고, 어디 갔다 왔냐는, 당시 초등학교 1학년이었던 막내

아들의 울먹인 투정에 "읍내 집에 들러 풀 뽑고 왔다"는 둥 어린 제 소견으로도 말도 안 되는 변명을 늘어놨습니다.

당시 금산 읍내는 무주와 진안으로 빠지는 요충이었던지라 트럭에 실린 중무장한 인민군들의 야간행진이 끊이지 않았습니다. 호주기(機)가 하루에도 여러 번 출격, 인민군 행렬을 향해 기총소사를 퍼붓던 지역이었습니다.

그해 여름이 다 지나 선선해질 무렵 식구들은 피란 짐을 나눠 지고 읍내 집으로 귀가하였습니다만 어머니의 말씀과는 달리 집안 곳곳에 잡초가 제 키만큼이나 자라 있었습니다. 그러고 나서 일이 터진 겁니다. 우리 집 식구 모두가 대전형무소로 끌려간 건 읍내로 귀가하고 나서 한 달쯤 지나서였습니다. 죄목은 부역죄. 어머니가 석 달 동안 금산읍 여성동맹(女盟) 위원장을 맡았다는 걸 그제야 알았습니다.

그 난리 속에 무슨 판사가 있고 정당한 재판 절차가 있었겠습니까. 나중 커서야 알았습니다만, 人共(인민공화국) 때와 별 차이 없는 제2의 인민재판이 곳곳에서 성행했던 무렵이지요. 우리 식구들은 다른 집 식구들과 마찬가지로 형무소의 널따란 광장에 일렬씩 세워져 심문 차례를 기다렸습니다. 바로 그때 어머니의 재주가 다시 한 번 번쩍였습니다. 어머니는 바로 옆에 서 있는 저의 귓속에 입을 대시더니 이렇게 속삭이는 것이었습니다.

"황엽아(제 아명입니다), 이 엄마 말 잘 들어! 저기 정문 쪽으로 배 불룩한 채 걸어 나가고 있는 흰옷 입은 아줌마 보이지? 맞아, 애 밴 아줌마 말이다. 지금 당장 뛰어가 저 아줌마 치마잡고 같이 걸어 나가!"

당시 임산부는 부역자 가운데서도 곧바로 석방되어 귀가시키고 있었습니다. 어머니 말씀이 떨어지자마자 저는 행렬에서 벗어나 배부른 아줌마를 향해 달렸습니다. 아줌마 옆에 닿자마자 어머니가 시킨 대로 치마를 움켜잡았습니다. 아줌마는 화들짝 놀랬으나, 그 와중에도 '아, 여자끼리는 서로 통하나 보다!' 생각이 들 정도로 재빠르게, 제 손을 마주 잡더니 형무소 정문을 걸어 밖으로 나왔습니다. 정문 밖으로 나온 아줌마는 어디론가 사라졌고, 이제 제가 할 일은 어떻게 하면 금산 집에까지 닿느냐는 것만 남았습니다.

행인들에게 길을 물어물어 그날 밤 대전에서 금산까지 60리 길을 혼자 걸어갔습니다. 대전과 금산 사이에는 '곰티재'라 불리는 높은 산이 있었습니다. 요즘에야 터널이 뚫려 버스로 40분이면 닿는 거리건만, 그 적막하고 호젓한 산길은 일곱 살배기 어린 아이한텐 너무도 무섭고 긴 길이었습니다.

날이 훤할 무렵에야 금산 집에 닿았습니다. 식구 모두가 끌려간 걸 알았던지 이웃 동네 사시던 외숙모가 빈 집을 지키고 있었습니다. 외숙모는 찬장을 열더니 어디서 준비했는지 주먹밥을 꺼내 허기진 제 배를 채워주셨습니다. 알고 본즉 어머니가 잡혀가면서도 혹시나 해서 마련해 놓은 주먹밥이었습니다. 그 주먹밥을 울며 먹었습니다.

『思親文學』의 발행인이자 편집인 되시는 권혁승 선배님(제가 한국일보 기자 시절 편집국장을 맡으신 분입니다)으로부터 "효(孝)에 관한 에세이를 한 편 써 보내라"는 지시를 받고 한참을 고민했습니다. 제겐 여태껏 효에 관해 깊이 생각하거나 반추해 본 기억이 별로 없기 때문입니다. 제가 딱히 불효막심한 자식이라서가 아니라 이날 이때까지 저를 형무소 광장의 사경(死境)에서 구해 낸 어머니의 '비상한 꾀'를 능가할 어떤 표현으로도 효를 설명할 수 없기 때문입니다. 죽음을 코앞에 두고 자식을 살려내 보내던 어머니의 사랑을 '효(孝)'라는 글자풀이 하나로 어떤 설명이 가능하겠습니까?

다행스런 것은 형무소 광장에서 헤어진 가족들은 사흘 후 금산 집으로 모두 귀가했습니다. 나중에 철이 들어 어머니한테 좀 정중히 여쭸습니다.

"그때 여맹위원장은 왜 맡았던 거요?"

"……."

"왜 맡았냐고요?"

제가 일부러 좀 불량한 눈짓으로 재차 묻자, 평소 막내아들의 심통을 익히 아시던 어머니, 이렇게 답변하시더군요.

"느네 아빠 보호하느라 그랬던 거야. 병력이 바닥난 인민군들이 40세 미만의 청장년들을 무조건 강제 소집한다는 소문이 그때 금산 바닥에 파다하게 퍼져 있던 때였다. 내가 여맹위원장이라도 맡으면 느네 아빠의 차출 정도는 막을 수 있겠다 여겼기 때문이야."

"……."

이번에는 제가 침묵했습니다.

지금 역산해 보니 그때 여맹위원장을 맡았던 어머니 나이 서른 셋, 아버지 나이 서른아홉이었습니다. 어머니 말씀을 들으며 혼자서 생각했습니다. 대전형무소 광장에서 저를 임산부 손에 잡혀 내보내놓고 시작된 심문에서도 어머니는 저리 답변하였으리라…. 그랬기에 전 가족이 모두 풀려났지! 아니야, 그땐 또 다 르게 둘러대셨을지도 몰라! 워낙 꾀가 비상한 분이니까….

앞에서 말씀드렸듯, 저는 효에 관해 딱히 깊게 생각해 본 적이 없습니다. 제가 30년 넘게 기자를 했기 때문이겠지만(그것도 14년을 줄곧 외국 특파원으로만 지냈기 때문이겠지만), 오히려 이 효에 대해 우리와 가치관이 전혀 다른 외국인들은 과연 어떻게 생각할까를 더 생각했습니다. 외국인으로 이 효를 본격적으로 거론한 분이 계시지요. 영국의 세기적 역사가였던 아놀드 토인비 박사의 효에 대한 언급이 그것입니다. 그분이 한국의 효에 관해 언급한 내용과 경위를 인터넷에서 발췌 전재합니다.

한국의 효사상을 전 세계에 널리 전파하라고 역설한 세계의 석학 아놀드 J 토인비

  영국의 역사가 아놀드 J 토인비(Arnold Joseph Toynbee, 1889~1975)는 임덕규 월간 『디플로머시(Diplomacy)』 편집장이 1973년 9월 영국정부의 초청으로 런던을 방문한 자리에서 한국의 효(孝)사상과 경로사상, 가족 제도 등의 설명을 듣고 눈물을 흘리면서 "한국의 효사상에 대한 설명을 듣고 보니 효사상은 인류를 위해서 가장 필요한 사상"이라며 "한국뿐만 아니라 서양에도 효문화를 전파해 달라"고 부탁하였던 것으로 유명하다.

한국의 효를 언급한 위 표현의 영문(英文) 원문을 찾아보려 애썼습니다만 찾기가 어려웠습니다. 또 하나, 토인비가 한국의 효에 관한 설명을 듣자 "눈물을 흘리면서… 한국뿐만 아니라 서양에도 효문화를 전파해 달라"고 부탁했다는 임덕규 씨의 표현과 관련, 신문기자 출신으로서의 제 솔직한 생각은 (토인비가)

효를 이해한 것까지는 이해하나 설마 눈물까지 흘렸을까… 의 아심을 가진 것도 사실입니다.

허나 토인비를 인터뷰한 임덕규 씨의 영국 방문 연도가 1973년이었으며 따라서 토인비의 위 발언은 그가 삶을 마치기 2년 전, 그러니까 그의 나이 84세였던 때였음을 미뤄 "임종을 2년 앞둔 노학자의 정서로 미뤄 족히 울 수도 있었겠다"고 여깁니다.

또 하나의 세계적 거물로, 한국(조선)을 뒤늦게 알고 "내 기필코 그 나라를 방문하리라"는 유언을 남긴 분도 계심을 차제에 함께 밝히고 싶습니다. 유럽을 제패했던 보나파르트 나폴레옹이 바로 그 인물이었습니다. 한국정치사를 전공한 건국대 석좌교수 신복룡 박사가 남긴 글에 다음과 같은 글이 등장하기에 그대로 전재합니다.

1816년(순조 16년) 9월 초하루, 서해 5도 앞에 이양선 두 척이 나타났다. 호기심에 찬 주민들이 구경을 나갔다. 코가 크고 눈이 파란 선원들이 뭍에 올라 손짓 발짓으로 의사를 전달했다. 외국인에 대한 적의 같은 것은 전혀 없었다. 이 배는 영국 동인도회사 소속 리라(Lyra)호와 알세스트(Alcest)호였다. 선장은 맥스웰(Murray Maxwell) 대령과 홀(Basil Hall, 1788~1844)이었다. 홀은 서해 5도 일대의 해도를 그리고 그곳의 이름을 '제임스 홀 군도(James Hall Group)'라고 지었는데, 이는 자신의 아버지 이름을 딴 것이었다. 지금도 국제 해도에는 영문으로 그렇게 기록되어 있다.

일행은 남하하면서 충남 서천 일대에 들러 비인(庇仁) 현감 이승렬(李升烈)과 마량진(馬梁鎭) 첨사(僉使) 조대복(趙大福)을 만나 즐겁게 술도 한 잔 나누면서 선물까지 주고받은 다음 헤어졌다. 이들은 열흘 정도 서해안에 머물렀다. 홀은 귀국하여 '조선 서해 및 유구 탐사기'(1818, 신복룡 옮김, 집문당)를 남겼다. 홀은 동인도회사로 귀임했다가 1817년 8월 희망봉을 거쳐 아프리카 서해안을 따라 북상하는데 항해사가 항로 앞에 섬이 나타났다고 보고했다. 해도를 살펴보니 그 섬은 세인트헬레나(Saint Helena)였다.

선장의 얼굴에 만감이 교차하는 듯했다. 홀은 곧 배를 그 섬에 정박하도록 했다. 넓이라고 해야 200km²도 안 되는 이 작은 섬에 홀이 그토록 감회에 젖은 것은 바로 그 섬에 나폴레옹(Napoleon) 황제가 유배되어 있기 때문이었다. 나폴레옹은 단순히 유럽 역사의 한 인물로서가 아니라 홀에게는 남다른 인연이 있었다. 왜냐하면 그의 아버지가 파리의 브리엔(Brienne) 유년사관학교에 다닐 적에 나폴레옹은 그가 아끼던 후배였기 때문이었다.

지금은 유폐되었다고는 하지만 이 희대의 영웅 앞에 홀 선장은 정중한 예의로 알현했다. 나폴레옹은 그때까지 살아있었던 아버지에 대한 안부며 항로를 물었다. 홀 선장은 자신이 지금 조선이라는 나라를 탐사하고 오는 길이라며 장죽과 통영갓의 그림을 보여주면서 조선의 풍물을 소개했다. 기이한 조선의 토산품을 바라보며 나폴레옹이 조선이라는 나라에 사는 사람들의 인정과 풍속은 어떻냐고 묻자 홀은 "이 나라는 평화를 사랑하는 선량한 민족"이라고 설명했다. 이 말을 들은 나폴레옹은 웃으며 "이 세상에 그렇게 선량한 민족도 있다더냐? 내가 다시 천하를 통일한 다음에는 반드시 그 나라를 찾아보리라"고 말했다. 전쟁영웅인 그에게는 평화를 사랑하는 민족이라는 말이 이상하게만 들렸을 것이다.

위 대목 가운데 특히 홀 선장으로부터 조선에 관한 미풍양속을 듣고 난 나폴레옹이 홀 선장에게 물었던 질문 가운데 "이 세상에 그렇게 선량한 민족도 있다더냐"던 구절은 제게 두고두고 기억에 남는 대목이 아닐 수 없습니다. 나폴레옹이 힘주어 질문한 '그렇게 선량한 민족'의 특징으로 바로 그 효를 능가할 덕목이 뭐가 있겠는가 자문이 들기 때문입니다. 그리고 예의 그 효에 관해 홀 선장이 나폴레옹한테 과연 만족할만한 설명을 했을까 하는 아쉬움이 두고두고 남는 대목입니다.

언론인, 한국일보 파리특파원, 문화일보 워싱턴특파원, 시사저널 워싱턴특파원 역임, 저서 : 『파리의 새벽, 그 화려한 떨림』, 『모든 사라진 것들을 위하여』, 『DJ를 평양에 특사로 보내시오』, 『실록 김포국제공항』

엄마

김 중 석

1

 2000년대 중반 서울의 한 예술학교 플루트연주단에서 재능봉사를 하겠다는 제의가 와서 소년수들이 수용되어 있는 교정시설을 소개해 준 적이 있다.
 쉴 시간에 억지로 연주를 들어야 했기 때문인지 강당에 들어서는 원생들의 표정은 한결같이 짜증스러운 모습이었다. 연주곡들도 거의 클래식이라 억지로 듣는 기색이 역력했다.
 "아뿔싸, 선곡을 제대로 할 걸. 아니야, 다른 곳을 소개할 걸."
 공연한 짓을 했나하는 후회가 밀려왔다.
 무거운 강당 분위기 때문에 이런 생각, 저런 생각을 하던 중 사회자의 다음 연주곡 소개가 있었다.
 "이제 내일이면 5월입니다. 5월은 청소년의 달이기도 하고, 어버이의 날, 스승의 날이 있는 달입니다. 그래서 다음 들려드릴 곡은 「마더 오브 마인(mother of mine)」, 「엄마의 마음」입니다. 원생 여러분, 엄마를 그리워하면서 잘 들어주시기 바랍니다."
 연주회 내내 마음 졸이며 강당 분위기를 살펴왔던 나는 그 순간, 거의 모든 원생들의 눈가에 이슬이 반짝 맺히는 감동의 장면을 볼 수 있었다.

그 감동도 잠시, 감미로운 플루트 소리는 귀에 들어오지 않고 내내 마음만 아프고 쓰려왔다.

'엄마'라는 그 짧은 단어 한마디에 눈물이 그렁그렁 고이는 저 청소년들은 왜 한창 부모와 가족의 따뜻한 품에서 사랑받으며 꿈과 희망을 일궈야 할 어린 나이에 담장 높은 시설에 갇혀 살아가야만 하는 운명을 맞게 된 것일까?

그날 나는 비록 얼굴은 불량스러워(?) 보이기는 했지만 엄마라는 단어 하나에 순진무구한 표정으로, 눈물을 글썽이던 원생들의 모습에서 엄마의 위대함을 진하고, 또 깊게 느낄 수 있었다.

이따금씩 그때를 떠올리면 지미 오스먼드가 불렀던 팝송「마더 오브 마인」의 애잔한 선율이 귓전을 스친다.

> 나의 어머니, 제가 원하는 대로
> 저의 모든 삶을 주셨지요. 제가
> 가진 모든 것은 당신의 덕분입니다.
> (중략)
> 어머니, 사랑하는 나의 어머니,
> 저는 신에게 기도를 올립니다.
> 항상 당신에게 축복을 내리게 해달라고.

2

'엄마'라는 단어의 가슴 뭉클함이 동서양이라고 다르랴.

조선중기 양반가의 일생을 섭렵해 볼 수 있는 유명한 기록이 문신 유희춘의「미암일기」이다.

미암일기를 보면 유희춘이 노년에 이르러 앞니 하나만 달랑 남은 탓에 맛있는 음식을 씹어 먹지 못하는 고통을 적고 있다.
지금이야 어려서부터 치아관리가 잘 되고, 의료기술이 발달되어 노년이 되어도 틀니나 임플란트로 때울 수 있지만 고작 치아 한두 개로 오물오물 음식물을 대충 버무려 넘겨야 하는 고통이 얼마나 심했을까? 오죽하면 치아를 오복의 하나로 쳐주지 않았던가?
대중가요 「홍시」를 부르거나 들을 때마다 치아 빠진 엄마가 떠올려져 마음 아프고, 미암의 고통이 어떠했을지 체감이 된다.
'엄마'라는 단어를 떠올릴 때면 우리의 대중가요 「홍시」가, 팝송은 「마더 오브 마인」이 먼저 연상되는 까닭이다.

> 생각이 난다 홍시가 열리면
> 울 엄마가 생각이 난다
> (중략)
> 그리워진다 홍시가 열리면
> 울 엄마가 그리워진다

가사는 이어진다. 그래서 홍시가 열리면 엄마가 그리워지고, 생각만 해도 눈물이 핑 돌고, 가슴이 찡하고, 하염없이 보고파진다고….
비록 대중가요 가사지만 나이가 들어 치아가 부실해진 우리의 엄마 아버지들이 편하게, 맛있게 드실 수 있었던 음식이 물컹물컹하면서도 달콤한 가을의 홍시 아니었을까? 자장가 대신 젖가슴을 내주고, 눈이 오면 눈 맞을세라, 비가 오면 비 맞을세라 걱정하고, 회초리 치고도 돌아앉아 우시던 우리들의 엄마….
「홍시」를 부르거나 들으면 돌아가신 엄마 생각이 떠올라 정말 자꾸 눈물이 난다. 그래서 동양이나 서양이나 엄마노래는 모두를 눈물나게 한다.
그런데 이를 어쩌나. 나는 불효스럽게도 돌아가신 울 엄마의 애창곡을 모른다. 엄마가 생각날 때마다 엄마의 애창곡을 부르면 지하에 계신 울 엄마도 무척이나 좋아하실 텐데 말이다.

3
조선의 걸출한 인물로 퇴계 이황과 율곡 이이를 꼽는데 이의를 달 사람은 아무도 없을 것이다. 두 분 모두 우리나라 화폐에 등장하고 있으니 말이다.
그런데 이 두 분을 낳고 기른 엄마가 모두 강원도 여성이라는 사실은 잘 알려져 있지 않다. 5만 원짜리 지폐에 등장하는 사임당 신씨는 모두가 아는 것처럼 강릉분이시고 율곡의 엄마시다. 그리고 퇴계 이황의 엄마는 춘천 박씨이다.
춘천이 퇴계 선생의 외향이라 하여 중종임금이 '문암서원'이라는 사액을 내렸던 연유이다. 율곡과 퇴계의 엄마는 아들을 모두 조선의 훌륭한 대학자이자 스승으로 키웠는데, 두 분의 효심과 자식사랑, 교육방법이 그렇게 비슷할 수가 없다. 저 유명한 「사친시」를 떠올리지 않아도 사임당은 효심뿐만 아니라 모든 면에서 조선의 최고 엄마였고, 춘천 박씨 또한 퇴계가 학문을 성취하는데 있어 엄마 춘천 박씨의 가르침은 절대적이었다.

문자를 배운 적이 없으나 평소에 늘 들은 아버님의 정훈과 여러 아들이 서로 강습하는 것을 들어서 가끔 깨우쳐 이해하는 바가 있었으며, 의리로 비유하여 사정을 밝게 하는 지식과 생각은 마치 사군자와 다를 바 없었다.

퇴계는 「선비 증정부인 박씨 묘갈지」에 엄마에 대한 사모와 존경의 생각을 한량없이 나타내고, 엄마의 훈도가 그의 생애에 절대적이었음을 적고 있다.

조선의 최고 스승을 낳은 강원도의 두 엄마는 강원도가 효친사상과 효친문학의 중심지가 되어야 할 당위를 일러주고 있다. 그리고 인물이 없다고 한탄하는 강원도 사람들에게 두 분의 강원도 엄마가 강원도의 자긍이 되어야 하는 까닭이기도 하다.

엄마를 테마로 한 동서양의 유행가와 팝송을 떠올리면서 신사임당과 춘천 박씨라는 두 분의 위대한 강원도 엄마가 오버랩되는 것은 가없는 애정을 베푸는 우리 엄마들에 비해 이 땅의 아들들은 갈수록 불효자들이 되어가는 세태에 대한 자괴와 비감 때문이 아닐는지.

언론인, 현 강원도민일보 대표이사 사장, 강원일보 정치부장, 강원도민일보 편집국장, 대통령자문 국가균형발전위원회 전문위원, 대한석탄공사 이사 역임, 저서 : 『지방분권과 지역언론』, 『지역혁신과 지역신문』, 『감자바위강론』, 『거꾸로 본 지방』, 『왜 지방분권인가?』, 한국신문상 · 광희문화상 공직부문 대상 · 국민훈장목련장 · 제1회 지방자치대상 수상

어머니의 낙원

김 진 무

 어릴 때 학교에서 학적관리와 가정환경조사를 위해 학생들의 부모님이나 보호자의 직업을 묻는 경우가 많았습니다. 나는 항상 부모님 직업을 농업이라고 적으면서 농업을 직업이라 적어도 되는지 의문이 생겼습니다. 왜냐하면 농사는 누구나 다 짓는 일이기 때문에 우리 생활의 일부이지 특별히 직업이라고 할 수 있을까 생각을 했습니다.
 우리 집은 농사를 많이 짓는 편이었습니다. 끼니때마다 밥상에 앉는 식구들은 늘 20명이 넘었으니 대가족이었습니다. 어머니는 자손이 귀한 집안에 시집 오셔서 자식 낳아 잘 길러 주시며 소임을 다하시는 분이었습니다. 아들 딸 번갈아 낳아 아들 6명 딸 5명, 11남매를 키우셨는데 마흔일곱 살에 막내아들 쌍둥이를 낳으시자 우리 형제자매들은 경악하며 어머니 건강을 걱정했으나 아버지는 오히려 대견해 하시며 싱글벙글 기쁜 표정이 역력했습니다. 어머니께서도 가족은 나의 힘이라고 하시며 식구 많은 것을 좋아하셨습니다.
 어머니는 해학과 유머가 넘치는 분이셨습니다. 매사를 고생이나 고통으로 생각하지 않으시고 항상 웃음과 즐거움을 주시며 식구들이 화를 내지 못하게 만들었습니다. 식구들도 대부분 어머니 편에 줄 서는 경우가 많았고, 동네 이웃들도 어머니를 좋아 하시는 분들이 많았습니다. 나는 아들로는 둘째고, 아들딸 합하면 넷째입니다. 형제 서열로 보면 위의 형님 옷을 물려받아 입어야 하고, 먹는 것도 후순위라 서러운 지체임이 틀림없으나 어머니께서는 나에 대한 배려가 남달랐습니다. 항상 나에게도 새 옷을 주시고 먹는 것도 형님과 꼭 같이 접시나 그릇에 담아 내 몫으로 주셨습니다. 식구 많고 형제 많은 집에서 어머니의 역할은 자녀들의 개성을 잘 살펴 충돌이나 갈등 없이 미리 문제가 생기지 않도록 배려하고 처리하는 지혜와 기지(機智)는 필요하다고 생각합니다.

　엄격한 가훈과 검소한 생활을 실천하며 사신 아버지의 생활 신조와 자녀들 가정교육서슬에 걸려들지 않도록 자식들을 자상하게 보살펴 주신 어머니의 품은 꾸러기들의 안식처요 피난처였으며, 가정의 평화와 가족들의 화목 유지는 어머니의 신앙이었습니다. 그런 덕분에 자녀들이 건강하게 자라고 식구 많은 것도 마냥 즐거운 듯 어머니께서는 우리 집이 지구상의 몇 안 되는 낙원이라고 하셨습니다.

　자녀들이 성장하고 하나 둘씩 부모님 곁을 떠나기 시작하자 식구도 줄어들고, 농사일은 옛날에 비해 반감되었습니다. 하지만 식구 많고 복잡한 생활이 너무 싫었던 나는 하루 빨리 집을 떠나 서울에서 공부를 더 하고 싶고 넓은 세상 구경하며 살고 싶은 욕망에 아버지에게 나의 꿈을 말씀드리고 대학 진학의 기회를 얻어냈습니다. 1957년 나는 마치 새장 속의 새가 문이 열리자 하늘을 훨훨 날아가듯 서울로 훌쩍 떠나버리고 말았습니다.

그때 어머님은 나에게 객지생활의 어려움과 인간관계의 중요성을 일러주시고 특히 양보하고 겸손하며 조금씩 손해 보며 살라는 당부 말씀을 해 주셨는데 지금도 잊지 않고 나의 좌우명으로 삼아 살고 있습니다.

한편 나는 어머니 곁을 떠나면 어머니의 따뜻한 정이 식어버리고 나만 소외될 것 같은 불안감을 떨칠 수 없어 이제부터 찬밥신세가 되는 게 아니냐고 응석 부리며 변함없는 사랑과 관심을 간구 드렸습니다. 어머니는 열 손가락 깨물어 안 아픈 손이 어디 있겠냐고 하시면서 멀리 있으나 가까이 있으나 너는 내 아들이야, 하고 말씀하셨고 이에 나는 커다란 위안과 선물을 받은 기분이었습니다.

아버지를 따라 서울에 가서 거처할 하숙집을 정하고 객지생활을 시작하면서 이것이 둘째아들의 분가하는 첫 단계임을 훗날 알게 되었습니다.

직장에 다니고, 결혼하고, 자녀를 낳아 기르며 세월의 흐름과 함께 내 생활이 바쁘고 힘들다고 부모님 찾아뵙는 것도 띄엄띄엄해지고, 나도 모르는 사이에 서서히 부모님 공경하는 것을 잊어버리고 무관심해지기 시작했습니다.

세월이 흘러 아버지의 타계, 형님의 급작스런 사망, 마치 옛 성터가 퇴락하여 망가지듯 어머니의 낙원은 서서히 무너지기 시작했습니다. 큰아들을 앞세운 어머니는 6개월을 더 못 버티고 세상을 떠나셨습니다. 때늦게 나를 뒤돌아보며 후회와 반성을 했습니다.

  늙어 힘들어 하시는 부모님을 보면서도 즐겁고 편안하게 해 드리고 싶은 생각은 왜 못 했을까, 돌아가실 때 운명(殞命)하시는 옆자리를 지켜 드리기만 했어도…. 생각할수록 아쉬움은 더해 갑니다. 나는 풍족하고 행복한 가정에서 부모님 사랑 듬뿍 받으며 살았는데 왜 효자가 못 되었을까, 스스로 자문하면서 내 환경에 맞는 효도를 터득할 생각도 안했고, 선현들의 가르침도 남의 일이라고 무관심해 버린 채 부모님 은혜를 망각한 불효의 죄를 저지르고 말았으니 평생을 두고 후회할 일입니다.

  우리 속담에 인간의 본성(本性)에 내리사랑은 있어도 웃어른을 공경하고 부모에게 효도하는 치사랑은 없다는 말이 있습니다. 부모 자식 간의 신뢰와 깊은 정, 사랑하고 존경하는 마음이 효심의 근원이라고 하는데, 대가족제도하의 효도와 핵가족제도하의 효도, 사회복지제도의 발전 그리고 생활수준 향상 등 사회 변화와 발전에 부응하는 효도의 개념과 효행의 모범사례들을 개발하여 후세들이 후회 없는 효도를 실행할 수 있도록 해야 합니다. 효사상 교육은 인간이 도리를 다하고 살아가게 하는 아름다운 미풍양속이고 소중한 덕목입니다. 하루속히 관행적으로나 제도적으로 현대화된 효도, 효행의 길이 열리기를 간절히 바랍니다.

  백유읍장(伯俞泣杖)이라는 고사가 있습니다. 중국 한나라에 한백유(韓伯俞)라는 효자가 있었는데 "백유가 매를 맞으며 운다"는 이 말의 유래는 백유가 잘못하여 그 어머니가 매를 때리자 전에는 매를 맞을 때 언제나 아팠는데 지금은 어머니의 힘이 모자라 아프게 때리지 못하니까, 늙고 쇠약해진 어머니의 모습이 안타깝고 서러워 눈물이 났다는 고사입니다. 우리에게 한백유의 사려 깊은 효심이 살아 있게 해야 한다고 생각하지 않으십니까?

함께 송강 정철의 시조 한 수를 외워봅니다.

어버이 살아실 제 섬길 일란 다 하여라
지나간 후면 애달프다 어이 하리
평생에 고쳐 못할 일이 이뿐인가 하노라

수필가, 『문파문학』 등단, 문화재관리국장, 국립중앙도서관장 · 국립극장장 역임, 백교문학회 창립회원

나의 효 이야기

김 학 순

　해넘이 하늘이 붉게 타오릅니다. 하루 종일 세상을 바라보며 걸어온 보람찬 환희일까, 슬픈 사연에 가슴이 찢어질듯 아픔의 노래일까, 그저 해돋이 하늘이 붉어서 해넘이 하늘도 붉을까, 노년에 저녁노을을 아름답게 바라보고 있습니다.
　세월은 참으로 빠르게 흘러갑니다. 내가 벌써 부모님이 돌아가실 때쯤 나이가 되었으니, 아들딸도 그때 내 나이만큼 되었습니다. 세상은 상상하기조차 어렵게 변했습니다. 그러나 예전보다 더 복잡하고 빠른 세상이 되어 더 많은 돈을 벌어야 살 수 있을 것 같습니다.
　딸은 다니던 직장도 그만두고 아침마다 남편을 출근시켜 주고, 초·중등학교에 다니는 자녀들을 등교시킵니다. 손녀들이 학습할 내용까지 파악한 듯 준비물을 챙겨 등교시키고는 곧장 설거지하고, 흐트러진 집안을 정리하며 마음을 다독입니다. 오후에는 학원 보내기 바쁩니다. 대부분 학생들이 학교교육보다 먼저 달아나는 학원교육 과정을 선호합니다. 인성교육보다 자녀 지식교육에 더 열과 성을 다 바치고 있는 듯합니다.

명절이나 연휴가 아니면 손녀들 일정 때문에 우리 집에 다녀갈 시간이 없습니다. 그래도 딸은 틈틈이 아내와 통화를 합니다. 우리가 집 전화를 받지 못하면 득달같이 핸드폰으로 전화를 걸어 우리 위치확인을 하고 있습니다. 우리 생활이 딸의 손바닥 안에 있는 것 같습니다. 그러나 그것이 고맙게 느껴집니다. 아들은 직장 일이 바쁘다는 핑계로 전화를 뜸하게 합니다. 손녀들도 '딸딸'이어서 서운하지만 우리가 나서서 해결될 문제가 아닌 것 같습니다. 이따금 서로 전화를 걸어서 근황을 확인합니다. 어쩜 내가 걸어온 생활과 그리 흡사할까요.

지금 와서 생각해 보니 내가 불효자식이었던 것만은 분명합니다. 빚을 내 집을 장만했다는 핑계로 부모님 용돈도 제대로 못 드리고, 전화도 없는 세상에 편지도 자주 못하고, 멀리 떨어져 산다는 핑계로 자주 찾아뵙지도 못하고…. 그러는 사이 부모님은 돌아가셨습니다. '부모님 살아생전에 효를 하지 않으면 죽은 뒤에 뉘우친다'는 말을 작금에 와서야 가슴 아프게 곱씹으며 후회하고 있습니다. 중국에는 60세 이상 노부모를 두고, 떨어져 사는 자녀는 일 년에 몇 번 필수적으로 다녀가야 한다는 효도법이 있다는데 그러면 덜 후회될까요?

가정에는 사랑의 강물이 철철 흐릅니다. 밖에서 어려움에 부딪쳤을 때도 집에 돌아오면 모두 사르르 녹습니다. 가정은 왜 그렇게 포근했을까요. 그곳에는 나를 낳아주고 길러주신 부모님의 끝없는 사랑과 포용이 가득 넘쳤기 때문입니다. 그런데 나는 성장해서도 왜 부모님께 따뜻한 말 한마디, 작은 실천 하나 자주 해드리지 못했을까요. 항상 살아계실 거라고 미룬 우매함 때문이었습니다. 굼뜬 내 습관 때문에 부모님은 얼마나 서운하셨을까요.

"내리사랑은 있어도 치사랑은 없다"는 옛말을 가슴으로 느끼지 못했습니다. 부모를 곁에서 모시는 분이 가장 진한 효도를 한다는 걸 늦게 깨달았습니다. 요즘은 효도 얘기를 끄집어내면 호랑이 담배 먹던 시절 이야기 한다고 하겠지만 가정의 화목과 질서를 위해서는 꼭 필요한 덕목일 것 같습니다. 늙어서 자녀들이 효도 안 한다고 후회될 것 같으면 차라리 "우리 가정에는 이것만 꼭 실천하자"고 자녀와 함께 공감하며 조기부터 생활화 교육을 하면 어떨까요? 그렇지 않으면 혼탁한 주변 환경 때문에 뜬구름 잡는 얘기가 될 테니까요.

이젠 부모님과 형제들 다 돌아가시고 막내인 나 혼자만 남았습니다. 여름이면 그늘을 만들어 주고 겨울이면 바람을 막아 주던 큰 나무가 그리워집니다. 바람 쌩쌩 불어대는 황야에 나 혼자 서 있습니다. 나 또한 자녀들에게 그늘과 바람막이 역할을 해 줘야겠습니다.

건강하고 행복한 가정에는 효심이 돋아납니다. 각자가 기분이 좋았을 때를 생각하며 그 기분과 같은 여건을 다른 사람에게 만들어 주며 대면하면 모두 기분 좋은 가정과 사회가 될 것입니다.

현대의 효는 가정마다 다르리라 봅니다. 자녀에게 무작정 사랑을 퍼 담는 가정교육은 고민해야 합니다. 어떤 효가 그 가정에 필요한지 공감되면 함께 꾸준히 실천해야 합니다. 나는 자녀들이 건강하게 자라서 자기 적성에 맞는 일거리를 찾아 열심히 일하고, 행복한 가정을 꾸려 자녀 두세 명 낳아 열심히 살면 그것이 효도가 아닐까 생각해 왔습니다.

'아들, 딸아! 우리는 여생을 아쉬움 없이 살아가고 있으니 너희들은 안부나 자주 전하고, 이따금 만날 기회를 만들어 주고, 너희 가족이 모두 화목하게 살아주기 바란다. 그리고 훗날 후회하지 말고, 살아생전에 효도할 수 있는 손녀들 효 생활교육을 잘해 주기 바란다.'

수필가, 월간 『사진예술』 사진작가, 저서 : 사진시집 『빛깔타고 운율타고』, 디카에세이 『사진, 글 새 쉼표를 찍다』, 사진수필집 『겔러퍼 인생』, 사진개인전 2회, 사진그룹전 12회, 한국문인협회 회원, 한국수필문학가협회 이사, 『수필문학』 추천작가회 부회장, 산림문학회 이사, 강릉사랑문인회 부회장, 영동수필문학회 회장

그리움은 강이 되어 흐르고

박 성 규

널어놓은 하얀 빨래에
햇살이 튕겨나고
빨간 잠자리들이 알아서 수를 놓는 그런 오후
당신은 그대로 가을이었습니다

장롱 안에 쌓인 시간의 실타래를
가끔씩 풀어 보시던 당신의 뒷모습이
지금 내게 찰각 찰각 인화되고 있습니다
— 「어머니·4」 중에서

 이 시는 몇 년 전에 출간한 시집 『대관령에 누운 베링해』에 게재된 「어머니」라는 연작시의 일부이다.
 어느 가을 날 집안일을 하시는 어머님의 모습을 정물화를 그리는 화가의 심정으로 그리움이라는 화폭을 메운 작품이다.
 저마다 그리는 그리움의 대상은 각기 다르고 그 심리적 색채의 농도도 차이가 나는 것은 각자의 감성이 다르기 때문이리라.
 그러나 어머니에 대한 애틋한 사랑과 그리움이 없는 이가 있겠는가마는 나에게 있어 그리움의 대상은 바로 어머니이시다.
 어머니는 나에게 있어 깊고 푸른 강이었다.

굽이쳐 흐르는 검게 멍이 든 강물이었다.

그렇게 마음이 아픈 분이셨다.

가슴이 까맣게 타버린 그런 한 여인이었다.

많은 자식을 낳았으나 제대로 성장시키지 못하고 보내면서 가슴에 박힌 못들이 평생 한이 되어 가슴 아파하면서 지내온 어머니였다.

마음이 여린 분이 얼마나 아파하면서 인고의 세월을 보냈는지를 생각하면 가슴이 먹먹해지는 것을 참을 수 없다.

그 아픈 세월을 헤집고 오시면서 그렇게 밖으로 표현하지 않은 것은 모든 것을 당신의 잘못이라 여겨서가 아닌가 싶다.

당시의 문화로 특히 완고한 시골에서 칠거지악의 으뜸이었으니 엄한 시부모 아래서 어떻게 사셨는지 미루어 짐작이 간다.

그래서인지는 몰라도 이 불쌍한 어머니는 조부모님보다 먼저 세상을 떠나시고 말았다.

>
> 달리 말씀도 없이
> 가을 꽃 따라 떠나신
> 그곳에선 요즘 어떠신지요
>
> 모르긴 하지만 아무리 그래도
> 이곳보다야 더하겠습니까
> 태양의 열기가 파고든
> 밭이랑에서 온몸을 적시며
> 사래긴 한여름 햇살을
> 호미 끝으로 쪼아내는
> 그런 일이야 없겠지요
>
> —「어머니·3」중에서

이 세상을 그렇게 힘들여 사시다 가신 어머니가 너무 불쌍해서, 너무 가엾어서 좋은 곳으로 환생하시기를 기도하는 마음으로 쓴 작품이다.

때문에 당신을 떠올릴 때면 가슴이 먹먹해지고 기댈 곳을 잃어버린 외로움이 그리움이라는 이름으로 바뀌어 나의 저 깊은 마음의 강을 소리 없이 흐르고 있다.

지금도 붉게 물든 저녁노을처럼 정겨운 그림이 가슴에 그려진 풍경이 있다.

언젠가 볼일을 마친 나와 어머니는 집으로 향하는 들녘을 걸으면서 아픈 가슴을 조금씩 열어 놓으셨는데 아마도 아주 힘든 이야기는 참으신 것 같기도 하다.

괜한 이야기로 아들이 마음 아파할까 봐 염려에서일 거다.

그때 많이 기울어진 집안이며 자식 걱정이 가슴을 짓눌러 더욱 힘들게 했으니 가슴이 숯검정이 되고도 남았으리라.

지금 돌이켜 보면 그렇게 어머니의 가슴을 멍들게 하는데 나도 크게 한몫을 차지하였기에 나이든 지금 죄스러운 마음으로 지내고 있다.

그런 연유로 어머니는 끝없이 그리워지고 가슴에 남아 있는 그리움의 존재다.

사막의 지하를 흐르는 강물처럼 보이지는 않지만 그 존재로 인해 무수한 생명들이 영위되듯이 나를 지탱시켜 주는 것은 어머니라는 그리움의 강이다.

참으로 값진 것은 변하지 않고 항상 빛이 나는 법이다.

어머니에 대한 그리움 그것은 마음을 밝게 비춰주는 등대와 같은 것이라 하겠다.

돌아가신 박경리 선생의 말씀이 떠오른다.
"좋은 작가가 되는 것보다 좋은 인생을 살고 싶다."
참 어려운 일이지만 그리되었으면 해본다.
지금 내 안에 계시는 어머니도 그러길 바라실 것 같다.

시인, 『시와 시인』으로 등단, 시집 : 『별과 들꽃』, 『그곳에는 시계가 없다』, 『대관령에 누운 베링해』, 『길에서 삶을 만나다』 상재, 관동문학상 외 수상, 강릉문인협회장 역임, 강릉문학상 제정, 백교문학회 회원

사친시(思親詩)를 감상하다가

이 광 식

고전에 연군(戀君)과 사친(思親)에 관한 시가 적지 않다. 물론 중국 고전에도 그러하다. 예를 들어 사친의 경우 당나라 시인 왕유(王維)가 열일곱 살에 중양절을 맞아 객지에서 고향 산동의 형제를 그리며 지은 「구월구일억산동형제(九月九日憶山東兄弟)」라는 시가 있으니, 이것이 그 중 하나다.

'홀로 타향에 나와 나그네 되니, 명절 만날 적마다 어버이 생각 갑절 나네(獨在異鄕爲異客 每逢佳節倍思親).'

시인의 말대로 우리 또한 정말 특히 명절 때 고향에 계시는 어버이와 형제들 생각으로 가슴을 아려하지 않았던가.

우리 조상들도 어버이를 그리며 시를 짓는다. 고려 말의 학자 이곡(李穀) 선생의 「입춘에 회포를 적다」란 시를 감상해 보자.

'나그네는 별 뜻 없이 어버이 그리워하게 마련(遊子思親無別意), 소인은 땅을 생각하는 것이 솔직한 심정이라(小人懷土是眞情).'

고향을 떠나 세상을 돌아다니는 나그네는 특별히 절기를 만나면 옛집과 어버이를 그리워하게 마련이란 노래다.

고산 윤선도 선생이 사친시를 지었다.

'나라 사랑 한다며 제 몸은 가볍게 알았다만, 끝내 어버이 생각에 눈물을 참기 어려워라. 석양 너머 아득히 나는 기러기 보며, 진호루(鎭胡樓) 위 난간에 기대어 서 있노라.'

선생은 종성(鍾城)에 유배 중인 친구 김시양(金時讓)의 입장에 서서 이렇게 읊는다. 타향에서, 명절 때에, 특히 어려워졌을 때 어버이를 생각는 것이야말로 인지상정이 아니던가.

이렇게 남의 시를 읽다가 급기야 내 어버이를 생각하게 된 것은 무정하고 매정한 한 인간의 감상 혹은 감성의 회복인가? 살벌하고 삭막한 현대에 살면서 어버이를 떠올리는 것이 쉬운 일이 아니니, 아아, 다시 생각해 보면 인간이란 어찌 이토록 매몰찬지!

얼마 만에 떠올린 아버지의 잔상 하나. 아버지는 그렇게 고향 집을 떠나갔다. 병색이 도는 노구로 집을 몇 번씩 되돌아보던 아버지는 그게 그렇게 다시 돌아올 수 없는 발걸음이란 것을 아셨는지…. 내키지 않는 일로 길을 떠나 타향으로 간 아버지는 그길로 다시 돌아오지 못했다. 그때 사춘기였던 나는 아버지를 원망하고 부정하여 마음속으로 밀어내는 중이었다. 무책임하고 무능하고 무심하다고 아버지를 가슴 속에서 통매하고 있었다. 등 구부정하고 눈빛 잃어가는 아버지를. 그리하여 집을 떠나 멀어져 가는 아버지의 그 순간의 잔영이 이후 평생 나를 미안하게 여기도록 만들고 말았다.

어머니는…, 태가 고운 내 어머니는 평생을 온전히 나를 위해 희생하셨다. 나는 그렇게 믿는다. 홀로 살림을 짊어져야 했던 어머니는 하루 종일 일을 하면서 늘 가슴이 무너져내려 앉았다. 어머니가 가졌던 하나의 희망이란 자식이 잘 되는 것이었음이 분명하다. 그런 어머니의 고귀한 희생적 인생을 젊은 시절의 나는 진정 그것 그대로 이해하고 있었는가?

그리하여 모든 아들들은 어버이에 매정했음을 고백해야 하리. 모든 딸들 역시 부모에 불효했음을 자백해야 할 것을. 아니, 특히 내 경우 정말로 어버이에게 미안하고 죄송스럽다고 눈물 흘리며 실토해야 마땅할 것임을!

감성이 풍부한 고산 선생은 달을 바라보며 어버이를 생각한다. '비 개고 구름 걷혀 청신한 달빛이여, 푸른 하늘 만 리에 티 없이 맑아라, 멀리서도 알겠도다. 오늘밤 고당에서, 자손을 마주하고 내 얘기 하실 줄을. 추성 밝은 달을 머리 들어 보나니, 나를 비춰 주는 달빛도 똑 같으리, 달에 산다는 항아가 발 걷고 얘기하게 해 준다면, 어버이 편히 계시는지 물어보련마는.'

이는 윤선도의 「대월사친(對月思親)」이란 시다.

이렇게 사친시를 감상하다가, 그러다가 오랜만에, 아니 비로소 마침내 빛 흐려진 어버이를 떠올린 무정한 자인 나는 진정 온전한 심성의 인간인가를 오늘밤 달에게 부끄러워하며 물어보나니⋯.

소설가, 저서 : 평론집『강원의 설화 속 에로티시즘』, 역사평론집『궁예평전』, 소설집『새로 태어나는 사람』,『초희의 사랑』, 장편소설『팔매질』, 산문집『그리운 아나키스트』등 다수, 관동문학회 회장, 강원도민일보 논설실장 역임, 현 강릉문인협회 회장, 강원도민일보 논설위원

모정(母情), "내 죽어서 한 마리 새가 되어…"

이 희 종

"아범아! 보고 싶다…."

구순(九旬)을 훌쩍 넘으신 아흔넷의 어머니는 9년 전 생을 마감하신 아버지의 고향 강원도 삼척시 근덕면 시골집에 계신다. 간호사인 누이동생이 지극정성으로 모시고 있지만 점차 모든 것을 잃어가고 있어 슬픔이 크고 깊다.

위급한 때를 여러 번 넘기셨지만 급히 먼 길을 달려가 어머니 볼을 부비며 아범 왔다고 소리치면 "아범아! 보고 싶다…." 더듬더듬 말을 이으시며 여지없이 눈물을 흘리신다. 아마도 이 말은 어머니 가슴에 끝까지 남을 유일한 언어이리라! 한없는 아들사랑, 자식에 대한 본능적 짙은 사랑일 것이다.

어머니의 고향은 북강원도다. 금강산 관문지역인 회양(淮陽)이시다.

외갓집, 외삼촌, 이모, 그 호칭만으로도 정겨움과 애틋함이 직감적으로 다가온다. 하지만 내겐 상관 없다시피한 호칭이다. 외가를 내 평생 단 한 번도 목격하지 못한 탓이다. 아니 찾아갈 수 없는 운명에 처해 있는 남북이산가족이다.

천성적으로 순박한 대부분의 한국인들이 그랬듯이 어머니는 자신의 어린 시절도 순진무구, 그 자체였다고 회고하신다. 그리고 연분홍 꿈에 부풀던 열여덟 살 때, 한반도를 강점한 일본제국주의의 만행이 최고조로 치솟던 1942년 대관령을 넘어 동해안 바닷가 길을 거쳐 삼척시 근덕면 아버지께 시집을 오셨다.

시댁살이 다음해 낳은 첫 아이가 나의 큰 누님이다. 어머니는 그 갓난아이를 들쳐 업고 대관령을 넘고 철원을 거쳐 친정에 가셨다고 했다. 부모님께 외손녀를 안겨드린 것이 더없이 뿌듯했었지만 그것이 마지막이었다.

어머니 등에 업혀 외갓집에 다녀온 누님이 올해 74세이니 그 세월만큼의 아득한 추억일 뿐이다. 남북분단, 3·8선이 설정된 이후 어머니는 다시는 고향, 친정집을 방문할 수 없었다. 그러니까 나는 태어나기도 전에 이미 외가를 잃어버린 것이다.

남북이산가족찾기 행사가 열릴 때면 어머니는 매번 기억을 더듬어 고향방문을 신청하시곤 했다. 온갖 정성을 다해 소원했음에도 끝내 성사되지 못한 아쉬움만 더 크게 부풀려 놓고 말았다. 허전한 마음임은 미루어 짐작하고도 남는다.

어머니는 6남매 중 둘째 딸이시니 이미 저 세상에 계실 부모님, 언니와 동생들에 대한 그리움을 삼키는 게 고통을 삭이는 것과 뭐가 다르겠는가. 어머니는 "내 죽은 뒤 한 마리 새가 되어 친정집에 가는 것이 소원"이라고 늘 말씀하셨다.

어린 시절 내가 목격한 어머니는 항상 바지런하셨다. 방에 계시던 모습은 기억에 없다. 밖에 계셨다. 이웃사람들과 편안하게 한담(閑談)을 나누시는 광경도 극히 드물었다. 시골집 부엌, 수돗가, 장독대, 나아가 밭에서 부지런한 손놀림으로 일을 하셨다. 결코 잊혀지지 않는 모습, 강한 어머니다. 의지할 수 있는 친정에마저 갈 수 없는 처지였으니 오로지 우리 7남매 자식에게 어머니의 모든 것을 걸고 희생하신 것이다.

자식에 대한 교육열이 남달랐음은 물론이다. 그런 관계로 나는 비록 시골에서 자랐으나 남보다 가난했다거나 생활이 불편하다는 생각을 하지 못했다.

삼척에서 중학교를 마치고 춘천고등학교에 입학했으니 그야말로 유학이었다. 타관객지라는 말에 내포된 불편함을 나는 그때 이미 알아버렸다. 뭐니 뭐니 해도 외로움이 제일 큰 고통임을 뼈저리게 실감한 것이다. 1학년 2학기를 마치고 겨울방학을 맞아 기쁜 마음으로 고향집에 내려갔다. 몸에 딱 맞는 옷을 입었을 때와 같은 편안함, 그 안온함을 벗어나기 싫었다. 다시 춘천 하숙집으로 돌아가고 싶지 않은 어린 마음에 용기를 내어 이슥한 시간대에 아버지께 속내를 털어놨다.

"삼척에서 학교 다니고 싶어요. 전학시켜 주세요."

아버지께 드리는 말씀이었으나 나의 시선은 어머니를 향해 있었다. 자신에게 주어진 모든 일과 상황판단을 자식 위주로 했던 어머니였기에 그랬다고 기억된다.

어머니는 묵묵부답이셨다. 가슴 졸인 상황이었음에도 나는 직감적으로 기대감이 느껴졌다. 어머니는 늘 나의 고충을 헤아려 주셨기에 그랬다. 그러나 그날 어머니의 입은 끝내 열리지 않았다. 대신 아버지의 불호령이 떨어졌다.

"외지 생활의 힘겨움도 극복하지 못하는 사내자식이 장차 무슨 일을 할 수 있겠냐!"

나는 더 이상 아무 말도 못하고 조용히 물러났다. 평소 정이 많으시고 이웃에게 잘 베푸시는 아버지였으나 나약한 자식의 모습에 적잖이 실망하신 게 분명했다. 돌이켜 보면 경쟁에서 살아남아야 한다는 각오, 그런 자세를 견지하게 된 것도 그날의 사건(?)에서 비롯됐다고 짐작된다.

늘 자식 편이었으나 잠자코 인내하신 어머니, 정이 많으셨지만 자식에게는 단호하셨던 아버지, 그 두 인자가 내 몸에 깊이 담겨 있음을 부인할 수 없다.

매년 6월 6일, 현충일이면 나는 어떤 일이 있어도 서울 동작동 국립현충원으로 향한다. 그곳은 어머니의 가슴이다. 단 한 분이셨던 나의 형님은 군(軍)에서 순직했다. 어머니는 최전방에서 군복무 중 숨을 거둔 자식을 평생 가슴에 묻고 아픈 고통의 삶을 사셨다. 당연히 내 삶에는 어머니의 가슴에 묻힌 형님의 몫까지 주어져 있다. 형님이 받았어야 할 어머니의 사랑이 고스란히 내게 옮겨지고 있음은 물론이다.

이 나이가 돼서 더 깊이 느끼는 어머니의 손길.

"보고 싶다"는 눈물의 손길과 인생이 다하는 그날까지 갖고 가실 자식사랑의 말씀은 진정 내 인생의 숱한 어려웠던 고비 고비마다 도전의 힘, 극복의 힘을 주셨고 자극제였음이 분명하다. 어머니의 억척스러운 자립징신, 7남매에 쏟은 뜨겁고 유별난 자식

사랑은 지금도 내 몸 속에 내 세포 안에 꿈틀거리고 있다.

몇 해 전 어머니의 거동이 어려워지기 시작했을 때 어머니를 모시고 평생을 벗어나지 않으셨던 마을 일대를 차로 모시고 아주 천천히 드라이브를 했었다. 어머니는 내게 "외롭고, 힘들고 고통스러웠을 때 남몰래 혼자 걸었던 길"이라고 하시며 "여기선 웃었고, 저기선 눈물을 펑펑 쏟았다"고 회고하셨다.

그때마다 자식들을 생각하며 몸과 마음을 추스르셨다며 행복한 표정을 지으셨다.

어머니에겐 사랑의 손길만 있었던 것이 아니었다. 자꾸만 마음이 아려서 혼자 방에 틀어박혀 오랫동안 울었던 기억이 생생하다.

곧 어머니를 뵈러간다.

가서 어머니와 볼을 부비며 건강을 소원하리라.

어머니가 계신 곳!

생각만 해도 마음이 가벼워지고 맑아지는 어머니가 계신 곳!

말씀을 못하셔도, 움직이지 못하셔도 좋다.

서로 바라보는 눈길만으로 족하다.

내 사랑하는 자식들에게도 어머니와 함께하는 행복이 이런 것임을 느끼게 하리라.

언론인, 강원일보 기자·편집국장 역임, 현 강원일보 대표이사 사장, 한국신문협회 부회장, 동곡사회복지재단 이사장, 사회복지법인 '함께 사는 강원세상' 이사장, 저서 : 『신문기자의 실전』

효사상의 세계화

정 철 교

아름다운 고장 강릉 경포 죽헌동 핸다리 사모정공원에는 사모정(思母亭) 정자와 함께 '효사상 세계화의 발원지 – 효향 강릉'이라고 쓰인 웅장한 오석 조형물이 새로 세워져 있다. 글로벌 시대에 걸맞게 한국어, 영어, 중국어, 일본어로 된 효사상 세계화비의 건립 취지문도 각각 돌에 새겨져 나란히 세워져 있고, 오석에 새겨진 모자상(母子像)이 잔디 공원을 시원스레 내려다보며 방문객을 맞이 하고 있다. 두 채의 돌탑인 모정의 탑과 효심의 탑은 동글동글한 자연석으로 쌓아 올려져, 마치 오랜 세월 동안 지나가는 사람들의 소망을 기원하는 마음으로 쌓아 올린 서낭당처럼 이곳을 찾는 방문객들에게 모정과 효심을 일깨우고 있다.

이 공원은 수필가이며 서예가이신 이 마을 출신 언론인 권혁승 선생이 자비로 건립하여 강릉시에 헌정한 곳으로, 날로 퇴색해 가는 한국의 효사상을 되살려 일으키고 전 세계에 널리 전파하려는 뜻을 담고 조성한 것이다.

공원 입구에는 효친에 관한 유명 문인들의 시비도 여러 개 세워져 있고 전 대한민국예술원 회장의 도예작품도 설치돼 있으며, 유명 서예가의 효에 관한 글씨들이 정자각에 현판으로 빙 둘러 있다. 이 공원은 이미 문인과 언론인들을 비롯하여 많은 사람들이 다녀갔고 지금도 방문객들이 이어지고 있다.

특히 초·중·고등학교 수학여행단의 방문은 이 공원의 건립자가 바라는 대로 훌륭한 효 교육의 장 역할을 톡톡히 해내고 있다. 오죽헌 가까이에 위치해 있어 오죽헌과 함께 수학여행단이 줄을 잇고 있다.

사모정공원은 신사임당과 이율곡이 한양으로 갈 때 걸었던 강릉의 둘레길인 '바우길'의 구간인 사임당길 옆에 자리 잡고 있어 전국에서 모여드는 '바우길'을 걷는 사람들이 효사상을 배우고 쉬어가는 휴식공간이 되었다.

강릉은 전통문화가 살아 있는 효향(孝鄕)이다. 곳곳에 효자·효녀각과 효부각이 세워져 있다. 효행의 귀감이신 강릉 출신 신사임당은 대한민국 오만 원 권 지폐에, 사임당의 아들 이율곡은 오천 원 권 지폐에 등재되어 있다.

공원 건립자인 권혁승 선생은 공원을 준공한 다음해 바로 백교문학회를 창립하였고 백교문학상을 제정하여 해마다 효친 문학작품을 공모하여 시상하고 있는데, 올해로 제7회 시상식을 가지기에 이르렀다. '핸다리'는 하얀 다리 즉 백교(白橋)를 이 고장 사람들이 옛날부터 그렇게 불러오던 말이며, 이 마을의 이름이다.

공원 입구에는 '사친문학의 요람'이라는 표지석이 세워져 방문객의 눈길을 끈다. 백교문학상이 바로 사친문학(思親文學)을 지향하는 문학상이다. 해마다 사모정(思母亭)공원 뜰에서 거행되는 시상식 분위기는 아름답고 숙연하다.

백교문학회에서는 2015년에 한국의 효사상을 세계에 널리 전파하기 위하여 만든 책『세상의 빛, 어머니 사랑』과 영문판 『THE LIGHT OF THE WORLD, MOTHER'S LOVE』(권혁승 편저)를 발간하였다. 영문판은 2018년 강릉평창동계올림픽을 앞두고 세계 80개국 IOC위원 114명과 세계 65개국 130개 국립 및 명문대 도서관에 보내 소장 열람토록 하였고, 한글판은 국내 200개 국공립 및 대학도서관에도 보내졌다.

뿐만이 아니다. 2016년 10월에는 효문화를 주제로 하는 문학지『思親文學』을 창간, 해마다 발행하여 사친문학의 길잡이 역할을 하게 되었다. 나는 백교문학회 창립회원으로서 우리의 효사상 창달과 세계화운동에 동참하고 있다.

예로부터 '효는 백행의 근본'이라 했다. 서양에도 효도(filial piety)라는 단어가 있으나 우리의 전통적인 효문화와는 다르다.

그러기에 아놀드 토인비도 "인류문화 발전에 이바지한 한국의 가족제도와 효사상이 세계에 널리 전파되기를 바란다"고 설파하였다고 본다.

세계는 지금 이념대립과 종교간 갈등, 분쟁과 전쟁으로 얼룩져 있다. 효사상 세계화로 세계인이 모두 효와 가족사랑 정신을 되살린다면 세계는 사랑의 소통으로 평화롭고 행복한 세상이 될 것이다. 효는 백행의 근본이기 때문이다.

우리나라에서 처음으로 창간된『思親文學』이 낳는 문학작품이 가족사랑과 소통으로 세상 사람들을 감동케 하여 노벨문학상 수상작품이 나오기를 간절히 기대해 본다.

　오죽헌은 한국 어머니의 성지(聖地)다. 신사임당께서 현몽하신 후 잉태하여 아들 이율곡을 낳아 어머니가 되셨으며, 훗날 대현이 되도록 훌륭하게 키운 자랑스러운 어머니의 성지다.

　효사상의 세계화가 이루어지면 핸다리 사모정공원은 '효사상 세계화의 발원지'로서 세상에 우뚝 설 것이다. 사모정공원은 세상 사람들이 그리운 부모님을 만나고 효를 배우기 위해 줄을 지어 찾아오는 효(孝)의 성지가 될 것이다.

강원 강릉 출생. 수필가. 『문파문학』수필부문 신인상 등단. 한국문인협회 · 문파문인협회 · 백교문학회 회원. 녹조근정훈장 수훈. 저서 : 수필집 『베짱이 따라 하기』 외 3권

아버지 냄새

조 숙 자

　사계절 중에 나는 초여름 모심기철을 좋아한다. 그때쯤이면 고향엔 하얀 아까시 꽃이 지천으로 피고 도랑둑엔 노란 키 작은 꽃들이 여기 저기 다투어 피고지고 마을 옆 잔솔 숲에서는 뻐꾸기가 계절을 알리느라고 어스름할 때까지 구슬프게 운다. '뻐꾹 뻐꾹' 그 새가 울면 괜히 슬퍼져 눈물이 났는데 지금도 그 꽃이 피면 가슴이 찡하며 목이 꽉 차오르는 이유를 모르겠다.
　그때쯤이면 어른들은 논바닥을 고르며 모 심을 준비에 한창이다.
　서로 모를 심는 품앗이가 끝나면 오월 단오 때가 된다. 온 동네가 단오놀이에 가려면 부지런히 모내기를 끝내야 했다. 모 심는 날이면 옆집 앞집 마을 전체의 인심이 푸짐한 날이었다. 덩달아 아이들도 행복한 날이다. 아이들은 새참과 점심때를 기다리며 괜히 논가를 어슬렁거리다가 아버지 옆에서 점심밥을 나눠먹는 그 순간은 너무도 행복했다.
　전쟁 후 가난하고 먹을거리가 귀할 때라 모 심는 날이면 동네 밥 인심이 후했다. 큰 감나무 그늘 아래 멍석을 펴놓고 개인 몫으로 못밥과 반찬을 마주보게 줄줄이 놔 주었다. 아이들은 자기 아버지 옆에 바짝 붙어 앉아서 흰 쌀밥에 감나무 잎에 꽁치 한 마리, 두부조림 한 조각, 미나리 미역 무말랭이 섞어 빨갛게 무친 자반, 쇠미역 튀김, 진수성찬인 점심을 먹었다. 남은 음식을 싸가지고 오기도 했다.

나무두가리에 하얀 쌀밥, 팥이 드문드문 섞인 못밥이 어린 눈에는 산더미같이 보였다. 지금은 기계화가 되어 그런 풍경은 볼 수 없고 시골 맛이 없어졌다. 논에 모가 심어진 곳을 보면 아련한 추억으로만 그 못밥 맛을 음미해 본다.

그때 아버지를 비롯해서 동네 어른들이 모를 심던 모습이 눈에 선하다. 흰 중의적삼에 팔을 걷어 올리고 엎드려 모를 심으며 부르던 학산 오독떼기 농요는 정말 구성지고 듣기 좋았다.

> 심어 주게 심어 주게 심어 주게
> 원앙의 줄모를 심어 주게
> 원앙의 줄모를 못 심거든 오종종 줄모를 심어 주게
> 바다 같은 요 논배미 장기 쪽이 되었네
> 술은야 술 술이 잘 넘어가고 찬물에 얼음냉수 중치가 미네

구성지게 합창으로 부르다가 '우~' 하고 허리를 펴며 부르던 오독떼기 농요. 그땐 학이 많아서 논바닥을 어슬렁거리며 논 골뱅이 사냥하고 우리들은 논둑에 핀 노란꽃을 꺾어들고 학을 쫓아 어둑할 때까지 뛰어 놀았다.

학들은 시둥집 뒷산에 둥지를 틀고 꽥꽥거리며 알을 낳아 새끼를 키우며 그 산을 지켰는데 어느 해 군부대가 주둔하면서 학

들은 어디론가 날아가 버리고 지금은 그 소나무가 텅 비어 조용하고 쓸쓸하기까지 하다.

농한기나 비오는 날이면 우리 집 사랑방이 담배연기로 굴뚝이 된다. 동네 어른들이 모여 잘그락 잘그락 골패 돌리는 소리. 대나무로 된 작은 터널에 골패를 밀어 넣어 패를 보고 주고받는 놀이다. 뭐가 그리 재미있는지 밤새워 웃는 소리, 밖에 들락거리는 소리, 어떤 때는 큰소리하더니 문을 꽝 닫고 혼잣말 하며 삐쳐서 집으로 가는 소리도 들렸다.

서녘에 오줌 받는 귀동이에 어쩌다 두 분이 소변을 보면서 '허허' 헛기침을 하시며 오줌 줄기 자랑을 하셨다.

"자네는 아직 쓸 만하네. 야!"

부러운 듯 서로 주고받는 얘기, 아버지는 술 좋아하고 풍류를 즐겨 어머니 속을 어지간히 태우셨다.

우리 집 마당이 학교로 가는 길이라 어머니는 문구와 잡화 여러 가지를 파는 구멍가게를 하셨다. 우리 가족은 순전히 어머니 힘으로 먹고 자랐다. 아버지는 둔지 마을에 개 잡는 날이면 낮부터 술이 거나하게 취해 불콰한 얼굴에 개 뒷다리 하나 새끼줄에 꿰어 들고 우쭐거리시며 집으로 와 쇠고기 먹자! 하며 속이셨다. 우리 형제는 어릴 때부터 그 고기를 쇠고기라 알고 먹고 자랐다.

아버지는 심성이 곱고 인정이 많으셨다. 동네 말썽꾸러기 홀아비 계돌이 아저씨 술주정 다 받아주고 꽁서방(성이 권씨) 아저씨 무슨 병인지 나무지게 지고 가다가 길가에 쓰러지면 그 병이 지나갈 때까지 기다렸다가 툭툭 털어주며 손잡아 일으켜 세워 지게를 어깨에 걸어 주시던 모습.

　그때 나는 보았다. 그 나뭇단 꼭대기에 진달래꽃이 너울너울 춤추던 것을. 모두들 강 건너 저 편에서 잘 지내시겠지. 희미하게 떠오르는 얼굴 목소리들. 눈 감으면 그림처럼 그 모습들이 떠오른다.

　아버지는 항상 봉초를 주머니에 넣고 짧은 담뱃대를 허리춤에 꽂고 다니셨다. 아버지 냄새는 댓진냄새다. 잔칫집이나 마을 행사에 갔다 오시면 슬그머니 조끼주머니에서 밤 대추 곶감을 꺼내 주셨다. 담배가루에 절어 "퉤퉤" 침을 뱉어 불어내고 맛있게 먹던 일, 남동생을 보았다고 나를 더 귀여워하시던 아버지, 뜨거운 여름날에 감자 캐러 가실 때는 내 귀에다가 귓속말로 같이 가면 용돈을 준다고, 내가 따라 가봤자 겨우 감자 한 무더기 날라놓고서 딴전을 피웠다. 밭이랑을 톡톡 건너뛰며 꼬리를 까닥거리는 종달새를 쫓아 이리 저리 새와 같이 뛰놀던 나를 "그것 참!"하시며 웃으시던 아버지 모습.

　내 유년의 아버지는 반달 눈웃음, 한쪽 볼에 보조개, 콧등에 죽은깨 몇 알 송송, 회색 두루마기, 검은 테 돌안경, 가죽 안경집, 방 모서리엔 외출하실 때 쓰시던 갓을 넣어두는 둥근 갓집, 담배냄새, 댓진냄새.

　멈춰버린 아버지의 나이보다 내가 더 많이 왔다. 나는 어릴 때 기억들, 지나간 시간들을 붙들어 매어 놓았는지 그 기억들은 생생하다.

　나이가 들면 추억을 먹고 산다는데 그 말이 꼭 맞는 것 같다. 혼자 있거나 내 나이만큼 쓸쓸할 때면 마음의 고향 학마을로 달려가 머릿속에 초가집을 지으면서 울밑에 맨드라미 봉숭아꽃 살구나무 심어놓고 그곳의 추억들을 꺼내면서 아버지를 생각한다. 그러면 아직도 댓진냄새가 나는 것 같아 흠흠 코를 벌름거려 본다.

수필가, 월간 『모던포엠』 신인상 등단, 대한민국회화대전 입상·공무원연금공단 수필문학상 수상, 5인5색 동아리선 2회, 백교문학회 회원

한 마리 나비되어

조중근

    내 나이 일곱에 아버지 먼 길 떠나시니 그때 어머니는 서른다섯의 청상 되시고 아흔한 살에 아버지 찾아 먼 길 떠나셨으니 내 인생은 온통 어머니일 수밖에 없다.

해는 서산에서 떠 동쪽으로 지고,
하늘이 무너지고 땅이 꺼지고,
천지는 온통 캄캄한 흑암(黑暗)이로다.
오호통재라!
슬프고도 슬프도다.

    무덥던 2004년 여름.
    어머니는 아흔하나의 나이로 고단했던 삶을 마감했다. 유언에 따라 화장 후 유분을 하늘 높이 날려 드렸다. 봄날에 흩날리는 민들레 씨앗처럼 높이높이 날아갔다.
    그때 흰나비 한 마리가 가족들 사이를 날아다니면서 한 사람, 한 사람마다 마지막 작별인사를 나누는 듯했다.

"나는 이제 멀리 가니 너희들은 잘 살아라."

어머니께서 한 마리 나비되어 먼 길을 재촉하는 모습이었다. 60년 전 먼저 가신 아버지께서 머나먼 초행길의 어머니를 마중 나온 것이라고 말하는 이도 있었다.

어쨌든, 이렇게 어머니는 끈을 놓고 내 곁을 떠나가셨다.

60년 전 고향집 생각이 난다. 아버지 장삿날이다.

마당에 펄럭이는 울긋불긋한 수십 개의 만장(輓章)이 어린 마음을 들뜨게 했다. 일곱 살이던 나는 만장을 따르던 상여 앞에서 철없이 뛰어놀았다. 하늘이 무너지고 땅이 꺼지는 듯한 어머니의 심정을 어찌 짐작이나 했으랴.

면장 따님이셨던 어머니는 열아홉 살에 한 살 적은 이웃 면서기를 신랑으로 맞아 창녕 조씨 집안으로 시집왔다. 그리고 서른다섯의 젊은 나이에 그렇게 청상과부가 되었다.

곧 6·25가 나고 그 와중에 할아버지마저 돌아가시니 집안 살림살이는 모두 어머니 몫이 되었다. 이른 새벽부터 밤늦게까지 밭일은 물론 똥장군을 이고 나르던 모습. 가계(家計)에 크게 도움을 주던 쾌(토종 자두)를 비롯한 농작물을 시오리나 되는 읍내에 하루 두 행보씩 팔러 다니던 모습. 모두가 아직도 내게 부끄러움과 용기를 주는 어머니의 모습으로 생생하게 각인되어 있다.

한국동란 때, 우리 가족은 동네 뒷골이라는 곳에 숨어 지냈다. 어느 날, 이십 리 밖 동해바다에서 쏘아대는 함포사격으로 어머니가 안고 있던 내 동생과 옆에 있던 이웃집 아이 둘은 그 자리에서 목숨을 잃었으나 어머니는 기적적으로 위기를 모면했다. 그때 어머니는 눈에 파편 독이 들어가 실명할 뻔했으나 운 좋게 잘 넘겼다.

아버지 4남매는 모두 이, 삼십 대에 폐결핵으로 돌아갔다. 그 엄청난 전염병 속에서도 어머니는 용케 감염되지 않고 건강하게 우리 집을 잘 지켜 주었다.

"우리 집 조상님들은 모두 단명하셨으니 에미가 오래 살아야 우리 집안이 산다"는 할아버지의 말씀을 우리에게 들려주시곤 했다. 할아버지 소망이 어머니 건강을 지켜 주셨는가 보다.

어머니는 초등학교도 안 다녔지만 일본어는 물론 웬만한 한자도 동생들 어깨 너머로 익혀서 많이 알고 있었다. 친척들은 물론이고 동네사람들의 생일이나 제삿날, 심지어 결혼날짜까지도 기억하고 있었다.

어머니는 눈물을 보이면 안 된다고 늘 말씀하였다. 맏아들을 앞세우고도, 사랑하던 친정 동생을 앞세우면서도 울지 않았다. 그래서 나는 평생 어머니가 우는 모습을 보지 못했다. 아니, 어머니의 일생은 숨찬 달음박질이기에 울 시간이 없었을 거다. 자식들 모르게 우셨을지라도.

둘째 아들인 내 이름은 어머니가 지어 주었다. 아버지는 내 이름을 그대로 호적에 올리고 얼마 안 되어 영영 돌아올 수 없는 먼 길을 떠났으니, 아버지에 대한 추억이 전혀 없다. 다만, 사진 속에서 얼굴이 희고 키가 훤칠하게 큰 아버지 모습을 기억할 뿐이다. 그 큰 키 하나 물려주지 않았으니 키 작은 어머니를 닮을 수밖에 없었다. 어머니는 키 작은 당신을 닮길 잘했지 키 큰

아버지를 닮았으면 단명했을 거라고 조크를 하곤 했다.

형이 고등학교를 졸업하면서 영림서에 취직이 됐다. 드디어 우리 집이 소비자시대에서 생산자시대로 들어서게 된 것이다. 어머니에겐 참으로 긴 세월이 걸린 셈이다.

형은 첫 월급으로 어머니께 금반지와 금비녀를 해드렸다. 당신은 자랑하듯 그 반지와 비녀를 끼고 형에게 온갖 먹을거리를 갖다 주곤 하였다. 돌아보니, 그때가 당신에겐 아버지 별세 이후 가장 행복한 시절이 아니었나 싶다.

"어머니, 그때가 가장 행복했지요"하고 물으면, "아니야, 너희들이 장가가고 손자들 볼 때지"라고 말씀하시지만 내가 보기엔 그때가 더 행복했을 것으로 짐작한다.

돌아가시기 전 근 십년간은 바깥 외출도 못하고 누워만 계시는 감옥 같은 생활이었다. 그래서 늘 바깥세상을 그리워했다. 내가 점심에 무얼 먹었는지조차 궁금해 하셨다.

"어머니, 오늘 점심은 자장면을 먹었습니다"라는 내 대답을 듣는 일이 어머니께서 바깥세상을 내다보시는 유일한 창문이요 통로였다.

이제, 어머니는 한 마리 나비되어 훨훨 바깥세상도 보시고, 아버지를 만나 회한을 풀리라.

효도를 미처 다 못한 회한이 밀물처럼 밀려온다.

망종으로 강릉 단오 구경을 하고 싶어 하셨는데 늘 마음에 맺힌다.

2년 전, 나는 어머니의 추억이 깃든 학산 쾌나무 한 그루를 좁은 분당아파트 마당에 심었다. 매일 쩨나무를 보면서 나는 어머니를 만난다.

    어머니 사랑합니다. 고맙습니다. 존경합니다. 많이 그립습니다.

수필가, 한국문인협회 회원, 공인회계사, 백교문학회 회원

어머니

최 종 수

"어머니, 아버지 죄송합니다."
 일곱 장의 주어진 원고지에 달랑 그 한 줄이다.
 8회째 개최하는 입지효문화예술축제 글짓기 공모전에 보내온 어느 고등학생의 글이다.
 일찌감치 심사위원들의 눈에서 멀어졌지만 나는 그 글이 계속 신경 쓰인다. 아마도 선생님께서 써 내라고 했으니 써야겠고 그 글을 다 쓰자니 귀찮았을 것이다. 무엇을 쓸까 고민하다가 그래도 부모님에 대한 그 마음만은 알리고 싶었을 것이다. 내 마음 같아선 그런 학생에게도 상을 주고 싶다.

 1926년 18세 때 34세의 아버지와 혼인하신 나의 어머니는 2남 5녀 외에 전실 소생의 1남 2녀까지 3남 7녀를 키우셨다. 선을 보지도 못하고 어른들의 뜻에 따라 사주단자(四柱單子)를 받은 후라 신랑의 처지를 뒤늦게 알았지만 이미 때가 늦은지라 파혼도 못하고 종갓집 맏며느리가 되어 속았다는 생각에 신혼부터 눈물로 시작하셨다.

그러나 그것도 잠시, 할아버지가 사기를 당하여 전답 등 모든 재산은 물론 사는 집까지 채권자에게 넘어가 온 식구가 길거리에 나앉게 된 것은 시집온 지 반년쯤 된 때의 일이었다. 글을 읽으시던 아버지는 책을 손에서 놓고 논밭에서 품을 팔고 청계산에서 땔나무를 해다 팔아 생계를 유지해야 했다. 어머니는 울고불고 할 겨를도 없이 아이들을 키우며 종갓집 살림을 도맡아 부잣집 새댁이 안 됐다는 주위 사람들의 손가락질을 받아가며 논밭 일을 하게 되었다. 그런 세월을 보내시면서 내 위로 누님 넷, 동생 둘, 2남 5녀를 낳아 기르셨다.

아들! 종손인 나는 딸만 내리 넷을 낳은 어머니의 희망이었다. 어머니는 곧잘 나를 쳐다보며 "고놈 쳐다보는 것도 아까워" 이리 말씀하셨다. 온 집안은 나를 금동(金童)으로 여겨 남이 없는 아들인 양 난리였다.

아들을 낳는다는 속설로 어머니 머리맡에 놓았던 부엌칼로 대장간에서 작은 도끼를 만들어 조끼에 달아주었다. 내가 초등학교에 입학할 때가 되자 십 리나 되는 등하굣길이 걱정되어 나보다 두 살 위인 누님을 두 해나 묵힌 뒤에 같이 학교에 보냈다. 그런 아들이 군대 갔을 때 면회 한 번 못 갔다며 어머니는 평생을 두고 안타까워했다.

일제강점기 때 소작을 했지만 공출(供出)과 핍박으로 가난을 벗어나지 못했고 광복이 되어도 어머니는 그 감격을 느껴보지도 못하시고 일에 시달려 허리를 펴지도 못하셨다.

한국전쟁이 터졌지만 그 많은 식솔에 피란 갈 생각은 엄두도 내지 못했다. 인민군이 점령하여 갖은 행패를 부리는 전쟁 속에서 식구들의 생명을 지키는 것 또한 어머니의 몫이었다. 중공군에게 어렵게 장만한 집을 빼앗기고 중공군의 눈을 피하여 마루 밑에 딸들을 숨기고 총탄을 피하려고 방공호를 파서 피신시키면서 가족을 지켜냈다.

이렇게 극한 상황을 이겨내면서 견디기 어려운 노동과 가난 속에서 10남매를 시집 장가보냈고, 아들 하나는 잃으면서 그 힘든 세월을 보냈다.

그러나 어머니의 그 강인함도 세월을 이기지 못하셨다. 젊은 시절 힘겨웠던 고생의 후유증인지 집안을 다시 일으켜 세우고 살만하게 되었을 때는 정신이 약화되셨다. 2005년부터인가 어머니는 자주 마당을 기어 다니시고 맨발로 산을 돌아다니시기 일쑤였다.

아내는 그런 어머니를 붙들고 엉엉 울었다. 하루는 화장실에서 나와 그대로 주저앉아 일어나질 못하셨다. 고관절이 부러져 수술을 했지만 그 뒤 일어서지 못하고 침대에 누워만 계셨다. 요양원에 모시자는 의견도 간병인을 두자는 말도 나왔다. 그러나 여생이 얼마 남지 않은 어머니를 곁에 두고 싶었다. 쉬운 일은 아니었다.

낮에는 아내가, 밤에는 내가, 주말은 아들과 딸, 며느리가 간병을 했다. 대소변을 받아내고 밤에도 두세 번은 기저귀를 갈아야 했다. 어머니를 매일 물수건으로 닦아드리고 죽을 떠 넣어드렸다. 그리고 이야기를 나누었다. 많은 이야기를….

어머니의 방은 냄새가 났지만 누구 하나 내색하지 않았다. 많은 친척들이 어머니를 찾았다. 2년 후 어머니는 나와 아내가 지켜보는 가운데 영면하셨다. 집안을 다시 일으켜 세우고 살만하게 되었을 때는 육신이 쇠약해지고 정신까지 혼미해져서 지상낙원 같은 지금의 풍요를 누리지 못하시고 백수를 앞두고 세상을 떠나셨다.

장례식 날 아침부터 비가 장대처럼 쏟아졌다. 꽃상여에도 비가 쏟아지고 광중까지 물이 흘러 들어갔다. 한동안 어머니에 대한 죄송한 마음에 수염을 깎지 못했다.

끝없는 자식사랑과 자식을 위해 희생해 오신 그런 어머니가 내게 계셨다.

'나무는 고요하고자 하지만 바람이 멈추지 않고, 자식이 효도하고자 하지만 부모는 기다려 주지 않는다(樹欲靜而風不止 子欲養而親不待).'

공자가어(孔子家語)에 나오는 말이다.

춘추전국 시대에 노나라의 노래자(老萊子)라는 사람은 70세의 백발노인이 되어서도 부모에게 식사를 손수 갖다 드리고 식사를 마칠 때까지 엎드려 있었으며 어린아이처럼 색동옷을 입고 재롱을 떨며 춤을 추었다. 남녀노소를 떠나 지위를 막론하고 옛 성인들의 기본은 효였다.

부모님에게 효도하지 못한 회한(悔恨)을 가슴에 묻고 내가 할 수 있는 일을 생각해 본다. 인성이 망가지고 도덕이 땅에 떨어져 많은 분들이 개탄하고 있는 요즈음 청소년들에게 효를 통하여 바른 인성을 키워 나가는 기회를 만들어 주는 것이 내가 할 일이 아니겠는가?

우리 몸은 부모에게서 받은 것이므로 손상하지 않는 것이 효의 시작(身體髮膚受之父母 不敢毁傷孝之始也)이라고 가르치면 이해를 하지 못한다.

손가락을 잘라 피를 드린 효자의 이야기는 맞지 않는다며, 그런 비위생적인 방법보다는 헌혈을 하여 그 돈으로 병원을 가시게 한다든지 맛있는 것을 사 드리는 게 효도라고 어느 학생은 반론을 제기한다. 자신이 잘 되는 것이 제일 큰 효도라고 한다. 자신이 잘 되고 부모님을 살피지 않으면 그럼 뭐라 할 수 있을까? 모두들 효가 너무 어렵다고 현 시대에 맞는 효 실천 방안을 가르쳐 달라고 한다. 청소년의 눈높이에 맞춰 우선 실천할 수 있는 방법을 찾아야 한다.

한국효문화센터 설립 후 입지효문화예술축제, 효 청소년 포럼, 효문화예술 교육프로그램, 효행장학생선발, 훌륭한 스승 표창, 효 청소년 기자단 등의 활동을 위주로 하고 있다. 매년 개최되는 가족사랑과 나눔, 배려라는 주제의 글짓기, 그림 공모전과 무용대회는 올해에도 전국 96개의 학교에서 약 10,000명의 학생들이 참여하는 열기를 보였다.

학업에 쫓겨 바쁘고 틈이 없는 학생들이지만 이런 축제를 통하여 자의든 타의든 효라는 단어를 입에 올리고 자신의 주변과 이웃을 되돌아보고 생각할 기회를 갖는 것이다. 우선은 효라는 말이 사라지지 않고 기억될 수 있음에 만족한다. 효와 사랑이 강제되지 않고 문화예술교육과 창작활동을 통하여 실천해 나가는 동기를 부여하는 것이 무엇보다도 지름길이다.

우리의 효가 희망이 있음을 확신하며 부모가 자식에 대한 사랑(慈)과 자식이 부모에 대한 효(孝)가 우리 가정과 사회에 확산되어 충(忠)으로 승화되고 충과 효가 확산되어, 서로 존중하고 배려하는 밝은 사회로 이끌 것이다.

효의 유네스코 등재를 위하여 모두가 힘을 모으리라 기대해 본다.

시인, 한국효문화센터 이사장, 한국문화원연합회 고문, 추사기념사업회 명예회장

다시 읽고 싶은 글
울림

김동길 — 어머님께 드립니다

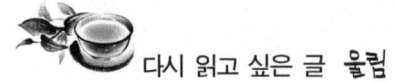 다시 읽고 싶은 글 울림

어머님께 드립니다

김 동 길

언제나 사무치게 그립습니다

　일전에 시내 안국동에 있는 유명한 안동교회에서 사흘 동안 그 교회가 해마다 가지는 신앙강좌가 열렸는데 제가 그 모임에 강사로 부름을 받아 아침과 저녁 두 차례씩 강의를 하게 되었습니다. 이번 강좌의 전체적인 주제는 '평화'였고, 아침 시간에는 주로 젊은 가정주부들을 상대로 '사랑과 결혼', '가정과 교육', '인생과 황혼'이라는 제목하에 강연을 하였습니다.

　집안 살림에 관한 이야기를 하다 보니 자연 어머님에 대한 말씀을 많이 할 수밖에 없었는데, 둘째 날에는 옛날 어머님께서 가난 때문에 고생하시던 이야기를 하다가 그만 목이 메어 한참 동안 말을 잇지 못하고 단 위에 서서 죄 없는 책상 모서리만 손끝으로 비비고 있었습니다. 속절없이 눈물만 흘러 여간 무안하고 부끄럽지 않았습니다. 흐려진 시선으로 청중을 바라보니 여러 사람이 고개를 툭 떨어뜨리고 손수건으로 눈물을 닦고 있는 광경이 희미하게 제 눈에 비쳤습니다. 아마도 각자 자기 어머니를 생각하고 그리움을 이기지 못하는 것 같았습니다.

저도 나이를 많이 먹어서 그런지 차차 눈물을 가누기가 어려운 때가 많아집니다. 사할린 상공에서 KAL기가 폭파되어 269명이 눈 깜짝할 사이에 목숨을 잃은 그 사실이 우선 말할 수 없이 슬픈 일이었지만, 그 중에 어떤 젊은이가 박사학위를 끝내고 자기 어머니를 뵈러 오다가 그 참변을 당했다는 소식에는 정말 견디기가 어려웠습니다. 만일 그 아들이 비행기가 '쾅' 하고 터지던 바로 그 순간에, 그 박사학위증을 펴놓고 자기 어머니가 기뻐하는 모습을 그리고 있었다면 하고 상상했을 때 저도 눈물을 참을 수가 없었습니다. 가엾은 아들, 가엾은 어머니!

그리고 보면 저는 행운을 타고난 아들이었습니다. 제가 공부를 마치고 돌아오던 때는 분명히 봄이었습니다. 어머님께서 저를 도쿄까지 마중 와 주셨습니다. 훌륭한 따님을 두셔서 남이 못하는 그 여행을 하실 수가 있었죠. 오쿠라 호텔에 며칠 모시고 있으면서, '로만스 카'라는 빠른 기차를 타고 우에노에서 하코네까지 갔었습니다. 일본서 가장 유명한 산이라는 후지산도 함께 바라볼 수 있었습니다. 아시노코라는 넓은 호수의 푸르고 잔잔한 오후, 오와키엥 온천장에서의 즐거웠던 시간들! 어머님, 저는 틀림없이 행운의 아들이었습니다. 미쓰코시인가 하는 어느 백화점에 들러서 제가 어머님께 감색의 엷은 외투를 하나 사드렸는데 얼마 입지도 못하셨지요. 돌아오셔서는 큰 병이 심해지셔서 그 외투를 입고 외출할 기회도 별로 없었으니까요. 그 예쁜 외투가 아마 아직도 수옥이 옷장 어디엔가 걸려 있을 겁니다. 사랑이란 참으로 슬프고도 아름다운 것입니다.

사람이 이 세상에 왔다가 해선 안 될 일이 꼭 한 가지 있다고 믿어집니다. 그것은 부모를 두고 저 세상으로 먼저 가는 일입니다. 가고 싶어서 먼저 가는 사람이야 어디에 있으리요마는, 조심하고 또 조심해서 그런 일만은 없도록 최대한 노력하는 것이 사람의 도리라고 믿습니다. 제가 어떤 면에서는 어머님 앞에 참으로 불효막심한 아들이오나 참척(慘慽)의 슬픔을 안겨 드리지 않은 것만은 효도 중에도 효도였다고 생각합니다. 이른바 태평양전쟁중 형이 일본 군대에 끌려가 소만(蘇滿) 국경에서 잎새의 이슬로 사라진 그 사실이 어머님의 수명을 십 년은 단축시켰을 겁니다. 심장이 약해지신 것도 그 일이 있은 뒤부터였지요. 흑룡강가의 어느 일본군 주둔진지를 찾아가 아들의 뼈가 든 조그마한 상자를 하나 받아들고 아버지 어머니가 평양 기차 정거장에 초라한 모습으로 내리셨을 때는 8·15 해방이 되기 불과 몇 주일 전, 검은 구름이 하늘을 뒤덮은 흐린 날씨에 궂은비가 부슬부슬 내리고 있었습니다. 자식을 앞세운 부모는 삶에의 의욕을 상실하는 것 같았습니다. 그러시면서도 한 가닥 희망-'저 상자는 빈 것이겠지.' 농구는 물론 야구에도 탁구에도 선수였던 형이 병으로 죽을 리는 없다고 어머님은 믿고 싶으셨지요. '광복군에라도 도망가서 살아 있겠지.' 그런 한 가닥의 희망을 품고 어머님은 해방을 맞으셨을 것입니다.

  일본군에 끌려갔던 남의 집 아들들이 돌아올 적에 어머님께서는 더욱 괴로운 나날을 보내셨을 것입니다. 소련군이 평양에 진주하여 그 행패가 이만저만이 아니었지만 집을 비우고 진작 월남하시지 않은 이유 중의 하나가 그것이었을 것입니다. 식구들이 다 없어진 빈 집에 만일 형이 돌아오면 얼마나 실망할까 걱정되어 이듬해 여름까지 월남을 미루셨던 것입니다. 서울서 사신 30년 가까운 세월에 단 하루인들 그 아들 생각 안 하신 날이 있었겠습니까?

버마에서 참변이 벌어져 우리나라 외교사절로 갔던 유능한 인재들이 17명이나 졸지에 목숨을 잃었다는 뉴스를 듣고 저는 먼저 그들의 부모님이 혹시 살아있다면 그 심정이 과연 어떨까 염려하게 되었습니다. 뒤에 남은 부인들이나 아들과 딸들의 슬픔이 어떻다는 것을 짐작 못하는 바는 아니나 어머님들의 슬픔은 그보다 열 배는 더하리라 믿습니다.

6·25사변 전 이야기입니다마는 김활란 박사님의 어머님 박또라 할머니는 '미국의 소리' 방송에서 나온 '김활란 박사께서는 미국에서 중병에 걸려 수술을 받게 되었다'는 한마디에 그만 귀가 '쨍'하더니 그 후로는 절벽이 되셨노라고 늘 말씀하셨지요. 그날이 4월 초하루, 만우절이라 아나운서는 장난으로 던진 한마디이건만 그 말 한마디가 노모의 두 귀를 영영 멀게 하였으니! 그 사랑을 무엇에 비할 수 있으리까?

지난 10월에 제가 쉰다섯 번째 생일을 맞았습니다. 죄송스런 말씀이지만 제가 이제는 나이도 어지간히 먹었습니다. 앞으로 다섯 해만 지나면 환갑이 된다니 저 자신도 좀처럼 믿어지지 않습니다. 철이 들어도 단단히 들 나이가 되었는데 어머님 그리는 정은 세월과 더불어 더하여 가니 이 일을 어쩌면 좋습니까? 세상을 떠나신 지 올해 꼭 십 년이 되는데, 지나간 십 년 동안 하루도 어머님 모습을 그려보지 않은 날이 없었습니다. 나이가 부끄러워 마음 놓고 울지도 못했습니다. 길을 가다가 문득 그 그리운 모습이 떠오르면 눈시울부터 뜨거워집니다.

제 나이가 되었을 어떤 사람이 병으로 쇠약한 어머니를 부축하고 어딜 가는 그 광경이 그렇게도 부러울 수가 없었습니다. '우리 어머님도 저렇게 살아 계셔서 모시고 다닐 수 있으면 얼마나 좋을까!' 그렇게 속으로 중얼거리면서 남몰래 눈물을 닦았습니다.

요새는 자동차가 흔해서, 저의 빈약한 재력으로도 작은 차 하나 사서 모시고 다니는 일이 과히 어렵지도 않은데! 차를 타시면 흔들리는 재미에 곧 조시면서도 어머님처럼 드라이브를 즐기시는 노인도 드물었습니다. 가만히 방에 계시는 것을 늘 답답해 하시고 차를 타고 나가서 달리는 것을 무척 즐기셨지요.

돌아가셨을 때 일흔이었으니 살아 계시면 여든이실 겝니다. 요새는 80 넘은 노인이 제 주변에도 여러 분 계셔서, 모시고 살지 못하는 아쉬움이 날마다 간절합니다.

사랑의 글월을 띄웁니다

어디에 계신지도 모르면서 붓을 들어 이 글을 씁니다. 이 편지는 사랑의 편지이지만 누가 읽어도 상관이 없습니다. 저 아닌 다른 집의 아들이나 딸들이 읽어도 좋고 다른 집의 아들이나 딸의 어머니들이 읽어도 좋습니다. 특히 어머니를 가진 사람, 어머니인 사람, 어머니가 될 사람이 읽어주기를 바라는 마음으로 이 글을 씁니다.

사람이란 뭐니 뭐니 해도 사랑의 추억밖에 가진 것이 없습니다. 가질 것이 없습니다. 돈도 감투도 사랑에 비하면 무가치한 것입니다. 『월든(Walden)』이라는 책 한 권을 써서 역사에 남은 미국의 사상가 헨리 데이비드 소로우는 어느 집 만찬에 초대받아 갔었는데 그 집 식탁에는 산해진미가 쌓여 있었으나 집주인의 사랑이 없음을 깨닫고 굶주린 배를 움켜쥔 채 식탁을 물러나 나와 버렸다는 이야기를 읽은 적이 있습니다. 세상의 일도 그렇거늘 하물며 혈육의 정을 두고 생각할 때 사랑을 능가할 다른 어떤 가치도 생각할 수가 없습니다. 아들이 어머니를 그리워하는 것도 따지고 보면 그 사랑의 추억 때문입니다. 엄마 품에서 젖을 먹고 자라던 그 시절에 대한 기억은 아주 희미하지만 유치원에 다니던 시절부터는 생생하게 기억되는 사랑의 추억이 너무나 많습니다.

저는 어려서부터 성미가 못돼서 학교에서 소풍갈 때에는 기뻐서 가지만 돌아올 때에는 왜 그런지 기분이 안 좋아서 엄마보다 앞서 엉뚱한 길로 멋대로 돌아오는 나쁜 버릇이 있었습니다. 그래도 어머님께서는 한마디 꾸중도 안 하시고 일일이 제 뒤를 밟아 따라오실 만큼 사랑하셨지요. 돌부처가 아닌 이상 저 때문에 화나시는 일이 아무렴 한 번도 없으셨겠습니까? 그래도 그 모든 괴로움을 참으실 만큼 저를 사랑해 주셨습니다.

언젠가 이런 말씀을 해주셨지요. 제가 두 살인가 세 살 났을 때 자다가 목이 마르다기에 냉수를 한 대접 떠다 주었더니 몇 모금 마시고는 대접에 남은 물을 깔고 자던 요 위에 쏟겠다고 제가 울어댔다지요. 안 된다고 말리니까 더욱 소리를 지르면서 제가 울기에 "마음대로 해라"하시면서 대접을 건네주었더니 그 물 한 대접을 죄다 요 위에 쏟고야 "히히"하고 웃고는 갈아준 새

요에 누워 씩씩 잘 자더라고요. 그러면서 하신 말씀 "네가 이 다음에 커서 남에게 기가 꺾이지 않도록 하기 위해서 너 하자는 대로 해주었다."

어머님의 교육방법은 요새 젊은 엄마들의 눈에는 매우 위험스럽게 보일지도 모릅니다. "아이들이 하자는 대로 버려두면 이 다음에 커서 그 아이가 무엇이 되겠습니까"라고 젊은 어머니들은 항의를 할지도 모를 일입니다. 그 말에도 일리는 있습니다. 그러나 어찌 생각하면 어머님의 그런 모험적인 교육 덕분에 오늘의 제가 있는 것도 사실입니다.

초등학교 다니던 어느 여름날, 어깨에 배달부처럼 메고 다니던 책가방 위에다 모자를 벗어서 놓고 집에까지 걸어왔습니다. 뜻인즉, 저를 보시고 어머님이 "야, 너 모자 어쨌니"하고 물으실 때, "여기 있어요"하고 책가방 위에서 집어 보이려고 그 연극을 꾸몄던 것입니다. 예상했던 대로 어머님께서 "야, 너 모자는 어떡허고 빈 머리로 오냐"하시기에 제가 빙그레 웃으면서 가방 위에 손을 가져갔지만 모자가 없었습니다. 저는 당황했습니다. 오다가 도중에 어디선가 떨어뜨려 잃어버린 것이 분명하였습니다. 그때만 해도 학생모자 하나 사기가 우리 집의 살림 형편으로는 쉬운 일이 아니었습니다.

어머님은 그날 한마디도 저를 나무라지 않으시고 웃기만 하셨습니다.

"요놈, 나를 놀리려고 그러다 그렇게 됐구나"하시고는 그 다음 날 학교 갈 때 쓰고 갈 수 있도록 새 모자를 하나 사다 주셨습니다. 지금 생각하면 그것이 사랑이었습니다.

어머님께서는 어쩌면 그렇게도 늘 웃으며 사실 수가 있었습니까? 끼니를 끓일 쌀이 떨어져도, 아궁이에 땔 나무가 없어도, 어머님 얼굴에서 웃음이 사라진 날은 없었으니까요. '산 사람 입에 거미줄 쓰랴!' 이것이 어머님의 신념이었습니다. '하늘이 무너져도 솟아날 구멍은 있다' 이것이 어머님의 신조이셨습니다. 맹산서 평양으로 이사 나간 후 10년 동안 이사를 열네 번 갔다면 믿지 못하겠다는 사람도 있을 겁니다. 세 들어 사는 집은 주인이 비우라면 비워야 하는 것이 상식인지라 어떤 집에서는 1년도 채 못 살고 짐을 옮겨야만 했던 일도 있었지요.

식구는 많았지요. 생활 능력이 전혀 없으시던 큰아버님 댁도 한 집에 모시고 살아야만 하였으니 가난한 살림에 그 괴로움이 이만저만이 아니었을 것입니다. 손은 크고 마음은 넓으셔서 집에 식객이 끊이는 날이 없었습니다.

없으면 외상으로라도 쌀을 사다가 집에 찾아온 손님에게 식사 대접을 하는 것이 어머님의 철칙이었죠. 평안도 사투리로 외상을 '맡아 온다'고 하지요. 어머님은 늘 '콧김'이 세기로는 타의 추종을 불허하는 최고의 실력자이셨습니다. 그렇게 잘 '맡아 오실 분'이 이 세상에 다시 있을 것 같지 않습니다. 외상을 갚으라고 독촉하는 가게와는 별로 거래를 안 하셨습니다. "내가 지고 죽으면 죽지 안 갚기야 하겠소"하시어 상대방의 간담을 서늘하게 해놓으시고는 무슨 재주론지 그 외상을 갚아 버리고는 다시는 그 집과 거래를 안 하셨습니다. 어머님께서는 평생에 외상을 단돈 10원도 안 갚으신 일은 없었습니다. 참으로 통쾌하시던 어른! 그런 가운데서도 저희를 좋은 학교에 보내주시고 그 뒷바라지를 훌륭하게 해주셨습니다. 부잣집 빨래, 삯바느질, 학생 하숙…. 안 하신 궂은일이 없었지요. 손재봉틀 앞에 앉으셔서 무더운 여름날 바느질을 하시다가 시원한 바람 한 줄기가 불고 지나가면 "요건 내 어머님께서 보내 주시는 바람일 게다"하시며 빙그레 웃으시던 그 천사 같은 모습이 지금도 제 눈에 선합니다.

아들딸이 성공하여 좀 편하게 사실 수 있었을 무렵에는 심장병에 당뇨가 겹쳐 고생을 무척 하셨습니다. 그 병고에 시달리면서도 찡그린 얼굴로 짜증스럽게 저희를 대하신 적은 한 번도 없었습니다. 그 부하시던 몸이 당뇨 때문에 체중이 쑥 빠져 볼품이 없을 만큼 여위었습니다. 그래도 웃으시면서 "요새는 살이 빠져야 미인이라구. 그래서 나도 이렇게 날씬해졌다"고 병문안 오는 사람들을 웃기셨지요.

아침에 서재에 앉아 책을 읽다가, 화장실 가시는 어머님의 여윈 모습을 발견하고는 장난삼아 제법 먼 거리에서 영어로 "할로"하면, 어머님께서는 으레 손을 흔드시면서, "오케이"하시던 일이 애절할 만큼 그리워지는 늦가을의 깊은 밤입니다.

그 삶의 비결을 제가 압니다

어머님의 아버님은 평안남도 맹산 고을의 상당한 인물이셨다지요. 일찍이 기독교를 믿으시고, 따님의 이름을 '믿을 신(信) 뿌리 근(根)'으로 지으실 만큼 신앙심이 돈독하셨다고 들었습니다. 그래서 어린 딸을 평양에 있는 숭현학교에 보내셨다지요. 그러나 그 학교에 얼마 못 다니시고 고향으로 돌아오실 수밖에 없었던 것은 집안이 기울어져 학비를 대기가 어려웠기 때문이었겠죠. 집에 와 계시다가 열여섯 되던 해에 맹산군 원남면의 젊은 면장 아내로 시집을 오셨습니다. 그리하여 열일곱에는 후에 큰 대학의 총장도 오래 하고 문교부장관도 잠깐 지낸 유명한 큰 따님을 낳으셨고, 열아홉에는 태평양전쟁 말에 잃어버린 그 아들을, 스물넷에는 말썽꾸러기 이 아들을 낳으셨습니다. 그 밑은 맹산을 떠나신 뒤의 소산이죠.

아버님께서 시골 면장 노릇이나 조용히 하셨던들 저희 집안이 그런 풍랑이야 겪었겠습니까? 어머님께서 그런 고생이야 하셨겠습니까? 큰 야망이 없이 성공을 기대할 수는 없는 일이겠지만, 아버님께서 광산에 손을 대지만 않으셨더라도 어머님의 일생에는 그런 파란곡절이 없었을지 모릅니다. 여하간에 집안이 광산 때문에 폭삭 망하여 밭도 논도 다 내놓게 되었습니다. 어머님께서는 어린 저희의 손목을 잡고 평양으로 이사를 나오신 것입니다. 돌보아 줄 친척도 친구도 없는 막막한 평양 거리, 우리가 살던 시골에 비하면 천국처럼 화려한 평양 시가지…. 먹을 것을 사달라고 조르는 어린 것들의 등을 어루만지며 가난한 젊은 엄마는 남몰래 얼마나 눈물을 흘리셨겠습니까? 그 생각을 하면 저도 눈물이 앞을 가립니다. 평양의 변두리 서성리라는 곳에 조그만 셋방을 하나 얻고 거기서 어머님의 모험적 새 삶이 시작된 것이었습니다.

어머님께서는 제가 아직도 어머님 뱃속에 있던 때에 시골서 세례를 받으시고 기독교 신자가 되셨습니다. 어쩌면 이 사실이 우리 집안의 역사에 있어서는 가장 중대한 사건이었는지도 모릅니다. 그 한 가지 사실이 어머님의 가실 길을 결정지었고, 어머님의 아들딸의 갈 길을 또한 결정지었습니다. 한국 땅에 전해진 그리스도의 복음, 한국의 기독교와 한국의 교회가 없었다면 김옥길, 김동길 하는 남매는 무가치한 존재로 끝났을 가능성이 많습니다.

저희는 어머님 손목을 잡고 평양 장댓재[章臺峴]에 우뚝 서 있는 그 유서 깊은 교회에 다녔습니다. 교회가 어머님 생활의 중심이었고 저희 생활의 중심이었습니다. 성탄 때마다 교회에서 하는 성극에도 제가 나갔고 그때마다 교회에서 어린이들에게 나누어 주는 과자봉지를 받는 일도 매우 즐거워 해마다 크리스마스가 기다려지던 것도 사실입니다.

어머님의 교육열도 곰곰이 생각하면 교회 생활의 영향이 아니었을까요? 교회 공부 많이 하신 장로, 전도사, 목사님들이 계셔서 어머님은 그런 분들에게서 자극을 받아 저희를 학교 보내는 일에 최선을 다하신 것 같습니다. 아들이건 딸이건, 공부만은 힘자라는 데까지 시켜야 한다고 믿으시고 그 엄청난 가난을 슬기와 인내로써 극복하셨습니다.

누님을 여학교에 보내시고 마침내 이화여전에까지 진학할 수 있게 하신 일은 지금 생각해도 기적입니다. 남들은 어머님을 비웃기도 했지요. "가난한 살림에 딸이야 공장에라도 보내서 생계나 돕게 할 일이지"하는 사람들도 있었고, "권번(기생양성소)에 보내면 집안이 팔자 고칠 텐데"하고 비꼬는 이웃도 없지는 않았습니다.

"돈을 집에 쌓아놓고 아이들 공부시키는 집 보았어요"하고 반문을 하시면서 어머니께서는 웃음으로 그런 조롱을 물리치셨습니다.

예수를 믿고 좋은 학교엘 다녀서 저희 남매가 유명한 사람이 되었다는 말은 아닙니다. 어머님께서는 저희가 유명하게 되는 것을 바라지는 않으셨습니다. 저희가 학교에 다닐 때에도, 공부 잘 하라고 야단치신 일은 한 번도 없었습니다.

"공부는 수수하게 해라. 그러나 늘 정직하고, 남들 사정 알아주고, 남을 도울 줄 아는 그런 사람이 되어라."

교육은 언제나 그것뿐이었습니다. 그러나 제가 졸업식에서 재학생을 대표하여 송사(送辭)도 읽고 우등상장에 상품을 곁들여 받으면서 졸업할 때에 기뻐하신 것은 사실입니다. 저는 사실 어머님 한 분을 기쁘게 해드리기 위해 공부도 열심히 하고 일도 열심히 했는데, 그 어머님이 안 계신 오늘, 성공이라는 것이 저에게 무슨 큰 의미가 있겠습니까?

학교에도 못 있고 쫓겨나 공식적으로는 무직자이지만, 이미 열일곱 권의 책을 펴내어 그 중에는 판매가 금지되어 햇빛을 보지 못한 책도 3, 4권 되지만, 서점에 내놓았던 책은 대부분이 베스트셀러가 되었으며 전국 방방곡곡을 누비면서 1년이면 2백회 이상의 강연을 하니 '무직자'라는 사회적 신분이 무색할 따름입니다.

어머님, 제가 하느님께서 보시면 말 못할 죄인이오나 세속의 수준으로 보면 어느 정도 성공한 사람입니다. 연전에 포항에서 제일 큰 교회에서 모임을 가졌을 때에는 매일 저녁 수천 명이 모여 대성황을 이루었습니다. 그 맨 앞줄에 어머님께서 나와 앉아 계셨으면 하는 부러움이 이 아들의 가슴을 슬프게 하였답니다. 얼마나 유치한 소망입니까? 그러나 어머님 앞에서는 나이 70이 되어도 계속 유치할 수밖에 없을 것 같습니다.

어머님의 그 사랑 때문에 저희가 극진히 사랑하는 형제자매가 된 것은 확실합니다. 누님과 저의 사이는 물론 옥영이, 수옥이, 희덕이 다 서로 사랑하고 아끼고 도우며 삽니다. 저희를 하나로 만들어 주신 것은 어머님의 사랑입니다. 저희 사이에는 아직 네 것 내 것이 없습니다.

제가 책을 펴내어 벌어서 모인 돈이 얼마 되기에 누님을 위해 문경새재 중턱에 아담한 한옥을 한 채 지어드렸습니다. 누님의 환갑 때 그나마 그 이름으로 있는 그 집 한 채를 이화대학에 기증하고 싶다고 하기에 저도 동의하여 그 집의 문서는 변호사의 공증을 거쳐 이젠 이화대학 금고에 들어가 있습니다.

어머님이 세상을 떠나신 뒤로는 누님께서 저를 아끼시는 사랑이 날이 갈수록 더하여 이제는 그 사랑에 기대고 제가 삽니다. 그 사이에 어떤 여자도 파고들 수 없다는 말을 이상히 여길 사람도 있겠지만, 이 세상의 그 누구도 자식과 그 어버이의 사이를 갈라놓을 수 없다는 말로 풀이하면 될 노릇입니다.

1973년 5월 2일 새벽, 어머님은 제 품에 안겨 알 수 없는 먼 길을 떠나셨습니다. 제가 왜 그 길을 모르기야 하겠습니까?

'너희는 마음에 근심하지 말라. 하느님을 믿으니 또 나를 믿으라. 내 아버지 집에 거할 곳이 많도다.'

어머님께서 천국에 계신 것을 저는 확신합니다. 긴긴 고통의 멍에를 벗으시고 잠드신 듯 조용히 누워 계신 어머님 얼굴의 그

엷은 미소는 무엇을 뜻하는 것이었을까요?

"내 아들아, 너도 네 믿음을 지키고 너의 달려갈 길을 다 달려라."

그런 뜻으로 제게는 풀이가 되었습니다.

이 땅의 딸들에게, 엄마들에게 그 뜻을 전하고 싶어 붓을 들었을 뿐입니다. 다시 뵈올 때까지 어머님, 안녕히 계십시오.

서양학박사, 연세대 교수·부총장 역임, 조선일보 논설위원, 제14대국회의원, 신민당 공동대표, 자민련 고문 역임, 현 연세대 명예교수, 태평양시대위원회 명예이사장, 한민족원로회 공동의장, 저서 : 『나의 제 정신을 묻는 그에게 되묻는다』, 『한국인, 우리는 누구인가』, 『나이 듦이 고맙다』, 『태평양의 새 시대』, 제5회 연문인상 외 다수 수상

문|학|기|행
바람

엄창섭 — 김동명과 사친문학의 정체성
이형기 — 동리목월문학관을 찾아서

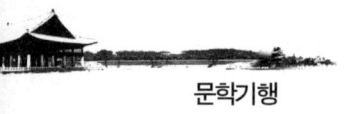
문학기행

김동명과 사친문학의 정체성

엄 창 섭

　개괄적으로 강원문학의 정체성이라면, 강원도는 한반도에서 그 어느 지역보다 산하가 조화를 이룬 축복 받은 미래의 땅으로, 선사시대부터 풍류를 즐기는 신라 화랑의 도장이라는 역사적 고증이다. 또 하나 강원문인의 작가적 기질이나 품성은 '소박과 단순, 순수와 완고, 은둔과 폐쇄' 등 긍정과 부정의 양면에서 논의되어진다.
　따라서 강원인의 독자적인 기질이나 양상의 '하나는 품성적 불변성, 둘째는 현실적 초월성, 셋째는 실용적 다용성, 넷째는 인성적 질박성'이다. 이처럼 '순박·근검·절약하며 환난이 있으면 서로 돕는 것'으로, 강원인(江原人)을 '암하노불(岩下老佛)'이라 칭하나 대의에 이르면 목숨을 거는 지조 있는 실체인 까닭에, 고려 때는 항몽(抗蒙)의 격전지였으며, 칠년전쟁 때는 왜군에 항전한 곳으로, 한말에는 위정척사운동의 중심지였으며, 항일무장투쟁의 날[刃]푸른 지역이다. 문화충격이 예상되는 21세기, 역사 속에서 살아 숨 쉬고 있는 강원인의 삶과 문화는 어떠했으며, 강원인만이 독자적으로 지니고 있는 차별화된 문화유산 중에서도 효친문학(孝親文學)의 검증은 개인이 살아온 삶을 확인하는 소중한 정신작업이다.

차제에 지상에서 가장 지순하고 지고한 미의 극치가 모성의 지혜로운 희생적 사랑임을 확증시켜, 영동의 수부(首府) 도시인 강릉을 '세계적인 효친(孝親)의 메카'로 조성하려고 혼신을 쏟는 원로언론인으로 현재 백교문학회 권혁승 회장의 집념으로 이 같은 문제의 접근이, 피동적·타생적인 문화형성 속에서 왜곡된 우리의 실상은 다시금 확인할 바다. 특히 율곡(栗谷) 이이(李珥, 1536~1584)의 '선비행장(先妣行狀)'을 굳이 거론하지 않더라도 그를 '강보 효자'라는 일컬음이나 계모 권씨에 대한 지극한 효심이 마침내 '해동이 낳은 증자라'는 눈물어린 뉘우침은 오래 기억할 인자(因子)인 까닭에 역사 인식을 올곧게 지니고 문화전승의 자세와 선도적인 창조정신으로 비정한 후기산업사회를 지혜롭게 일깨워야 할 삶의 잠언은 못내 유의미하고 위대한 교시임에 틀림없다.

우리의 근현대문학사에 있어 계몽사상의 고취를 중시한 신문화가 이 땅을 지배하던 일제강점기인 1910년대를 기억 흔적에 담아 볼 타당성의 측면에서 강원문학을 서술할 때, 비교적 강릉 지역문학을 비중 있게 다룰 수밖에 없는, 그 구체적인 배경으로 『예성시고(蘂城詩稿)』(1919)에 '서울, 개성, 원산 등 346명'의 수록된 7언 절구의 한시 중에서도 244명이 강릉 출신이라는 점은 결코 무관할 수 없다. 한국 현대문학의 절정기인 1930년대에 보다 앞서 '파초의 시인'으로 일컬어진 강릉 출신의 김동명(1900~

1968)이 1923년 『개벽』지를 통해 시단에 데뷔했으며, 일제강점기의 와중에서도 『나의 거문고』(1930)의 시집 간행은 주지할 바 나 그와 동향으로 뒤늦은 시간대(2000년)에 중국 용정에서 활동한 심연수(1918~1945) 시인의 문학적 공과가 새롭게 확인되었지만, 민족적 비애의 시적 형상화가 강원도의 현대시문학의 토양이 되었음은 유념할 바다.

> 아아, 어머니는 드디어 고향 길을 못 밟으시고 저 세상으로 돌아가신 지 오래니, 내 이제 강릉군수를 한들 무엇하리. 이것은 내 어머니의 무서운 야심이신가. 또한, 그 냉엄하신 비평 정신의 편린이시기도 하리라.
> ―김동명의 「어머니」에서

그렇다. 가장 위대한 인간의 스승은 어머니이다. 역사적 인물 뒤에는 사랑의 화신인 인자한 어머니가 존재한다. 바로 어머니는 지식이 아니라, 아름다운 창조적 영혼으로 인간을 위대하게 만드는 정신적 스승이기에, 요람에서 무덤까지 절실히 요청되는 것은 자녀의 영혼을 위한 어머니의 기도요 자장가이다. 이같이 효친사상이 자리한 옛 하슬라의 땅으로 '작은 꽃잎을 사랑하는 소중하고 고운 마음들이 모여 함께 만들어갈 예성(蘂城)'은, 근간에 고향을 사랑하는 소중한 이들의 '설송회(雪松會)'라는 모임체가 결성되기도 하였지만, '정서적 양감(量感)으로 빛나는 그리움의 공간'이다. 장엄한 백두대간이 동해로 뻗어 내린 강릉대도호부의 자랑스러운 후예들은 일관된 의지를 지니고 품격과 존재감을 흔들림 없이 지켜가야 한다. 19세기의 지성 아놀드 토인비가 "20세기의 가장 위대한 인류의 문화유산이 한국의 가족제도임"을 언급하였듯 우리의 전통문화에서 효친사상의 소중함을 사친문학으로 거부감 없이 인류사회에 확장시키려는, '몸의 시학'은 백교문학회 권혁승 회장만의 순수하고 가치를 지닌 정신작업은 활력이 넘쳐나는 골드브레인으로 창조적이다. 세상을 아름답고 깨끗하게 변화시키는 눈부신 존재의 꽃을 피워낼 것임은 물론, 우리의 삶에서 특정한 누군가와의 만남은 운명적이기에 '바다(海, mer)'를 모성(mere)과 연관된 '생명의 본원'으로 풀이해도 지나치지 아니하다.

그렇다. 무엇보다 자명한 사실은 '어머니의 삶에는 철학이 있다'는 것이다. 영어에는 '조국'에 해당하는 '父國(father land)'은 없고 '母國(mother land)'이라는 단어가 존재하듯이 어머니는 국가와 인종, 피부색과 연령에 관계없이 소중한 존재이며, 기독교에서도 인간이 목숨을 걸고 수행해야 할 십계명(十誡命) 중에서도 인간관계에 있어서 최대의 일깨움을 "네 부모를 공경하라(五誡命)"고 천명하고 있음은 유념할 바다. 이 같은 정체성과 축(軸)을 함께 하는 과정에서 그 의미성을 반증하듯이 신비한 구름 위의 땅인 강릉시 왕산면 대기리의 노추산 자락에 자리한 가슴을 저미게 하는 사연이 담긴, 3천 개의 크고 작은 돌탑이 쌓여진 모정탑(母情塔)이 자리해 있다.

이것은 네 자녀의 어머니로 두 자녀를 가슴에 묻은 차옥순 여사(당시 68세)가 1986년부터 2011년, 생을 마감하기까지 26년, 그 격랑(激浪)의 세월을 오로지 율곡의 맥이 살아 숨 쉬는 땅, 일제강점기 화전민들의 질곡의 아픔이 자리한 곳에 어떤 보상을 원치 않는 모성의 헌신적 사랑의 위대한 징표이기에 추모의 뜻을 새겨보았다.

> 밤 깊어 바람도 끊긴/노추산의 날[刃] 푸른 솔숲은/저토록 적막이 묻어나/아흐, 두 눈 감기 울듯/못내 감동을 넘어 황홀이다//두 자녀 잃은 아득함에/가슴 앓던 모정이 26년,/그 세월 홀로 쌓아올린/크고 작은 3천개 돌탑의 정한(情恨)/달빛에 서러워 눈물겨워라//
> —필자의 「아흐, 모정탑이다」 전문

위의 시편에서 유추(類推)할 수 있듯이 운명 직전에 차옥순 여사는 유언으로 가족들에게는 수목장을, 주민들에게는 돌탑의 보존을 부탁했고, 작금에 관광객이 발길을 잇는 소원성취와 상처받은 영혼을 치유하는 생명의 숲으로 탈바꿈되는 놀라움에 그나마 강릉시의 '노추산 모정탑길 명품화 사업'은 더없이 유의미하고 자랑스럽다.

시인, 한국시문학회 회장 역임, 현 가톨릭관동대학교 명예교수, 김동명학회 및 설악포럼 회장, 사단법인 「희망+공간 나눔」 이사장, 월간 『모던포엠』 주간

문학기행 / 동리 목월 문학의 숨결

동리목월문학관을 찾아서

이 형 기

┌─ 동리목월문학관 탐방 문인 ─────────────────────┐

일시 : 2016년 6월 14일 ｜ 장소 : 경주 동리목월문학관

권혁승 : 수필가·백교문학회 회장   이부녀 : 시인·백교문학회 이사
김순덕 : 수필가·백교문학회 회원   이형기 : 언론인·백교문학회 이사
김영미 : 수필가·백교문학회 회원   정철교 : 수필가·백교문학회 이사
김옥란 : 시인·백교문학회 회원   조숙자 : 수필가·백교문학회 회원
박성규 : 시인·백교문학회 이사   최봉순 : 시조시인·백교문학회 회원
박용래 : 시인·백교문학회 이사   한서경 : 백교문학회 회원

└──────────────────────────────┘

사친문학을 지향하는 문인들

효(孝)와 사친(思親)을 기본 주제로 한 문학지(연간)『思親文學』창간을 기념하는 문학기행의 대상을 경주 동리목월문학관으로 선정한 것은 의미 있는 일이었다. 효사상을 함양하고 세계화하자는 기치를 내걸고 출범한 백교문학회의 창립의도와 잘 맞는다는 점에서 그러했다.

소설가 김동리(金東里, 1913~1995) 선생은 소설에 앞서 시로 등단, 3권의 시집을 낸 소설가 겸 시인이다. 동리 선생은 생전에 어머니와 고향을 그리는 많은 시를 남겼는데, 사후「어머니」라는 미발표 유작시가 1998년『문학사상』에 발표돼 문단의 화제를 모았다.

시인 박목월(朴木月, 1915~1978) 선생은「어머니의 눈물」등 많은 어머니 연작시를 발표, 어린 시절부터 어머니께서 베풀어 주신 사랑과 가르침, 어머니에 대한 그리움 등을 아름답고도 가슴 찡한 시어로 노래했다. 그의 어머니 연작시는 1967년 삼중당에서『어머니』라는 시집으로 출간됐다.

따라서 이번 문학기행은 현대 한국문학사에 우뚝 솟은 소설과 시라는 두 문학산맥의 문학적 숨결을 찾아가는 길이자 사친문학을 지향하는 뜻 맞는 문인들이 한국문단의 두 거봉(巨峰)의 효심을 가슴으로 느끼기 위해 한데 모였다는 점에서 의의가 컸다.

백교문학회 문학기행단의 동리목월문학관 탐방은 강원도 강릉시청 앞에서부터 시작됐다. 출발 예정시간은 오전 6시. 는개가 내리는 축축한 날씨였지만 문학관 탐방을 신청한 열두 명의 백교문학회 회원들은 6시 이전에 출발장소에 나와 서로 반갑게 인사를 나누었다. 새벽잠을 줄이고 일찍 집을 나선 문인들의 문학 열기가 서로에게 뜨겁게 전해지고 있는 것 같았다. 나이가 많은 이는 80대 중반, 적게는 50대 중반에 이르는 연령대로, 나이로는 한 세대 이상의 차이가 났지만 모두들 한국인의 미덕인 효사상을 문학이라는 매체로 전파하겠다는 열정은 다름이 없어 보였다. 당초 20여 명의 회원이 참가 의사를 밝혔으나 개인 사정으로 10여 명이 불참하게 돼 아쉬움이 컸다.

 일행을 태운 전세버스는 출발 예정시간보다 2분 늦은 오전 6시 2분 강릉을 출발했다. 버스가 강릉—동해—삼척의 고속도로를 달리는 동안 백교문학회 문인들은 창밖을 응시하거나 눈을 지그시 감고 생각에 잠겨 있는 듯했다. 시심(詩心)이라도 불러 일으키고 있는 것일까.

 2시간을 달려 경북 영덕군 칠보산휴게소에서 아침식사를 마친 후 기념촬영을 할 때쯤 시야를 뿌옇게 가렸던 날씨가 개면서 푸른 바다가 드러났다. 푸른 하늘과 동해가 맞닿아 어디가 하늘이고 어디가 바다인지 구분이 되지 않을 만큼 날씨가 좋아졌다. 햇살은 맑고 바람은 투명했다. 일행들의 마음도 날씨를 닮아가고 있는 것 같았다.

차내엔 詩香이 가득하고

 버스는 왼쪽으로 푸른 바다를 끼고 시원스레 달렸다. 우리나라에서 가장 경치가 좋은 길로 꼽히는 동해안의 자동차전용도로를 달리는 버스는 막 닻을 올린『思親文學』호가 순풍을 맞아 대해로 미끄러져 가는 것 같은 느낌을 주었다. 버스는 돛에 바람을 가득 담은 범선이었고, 선실에서는 시심이 무르익고 있었다.

 이부녀 시인의 사회로 시 낭송이 시작되자 차례대로 마이크를 잡았다. 모두들 흥분된 표정과 음성으로 누군가는 시를 낭송했고, 누군가는 목월 시인 작시의 가곡을 열창했다. 시 낭송은 먼저 이부녀 시인의 낭랑한 음성에서 시작됐다(이 시인은 백교문학상 시상식 단골 사회자이기도 하다). 이 시인이 권혁승 백교문학회 회장의 시「고향길」을 차분하게 낭송하는 동안 회원들은 어머니와 고향을 생각하는 듯 지그시 눈을 감고 경청하고 있는 모습이었다.

> 석양 속에 어머니가/ 모솔 산모퉁이를 돌아온다/ 머리 위 함지박 속,/ 조막만한 새 운동화가 방실거린다.// 사슴마냥 길어진 막냇누이가 줄달음이다/ 누렁이가 먼저 달려나간 길/ 돌배나무가 벌써 어머닐 마중한다.// 십리 장터길을 오고 갔던/ 어머니의 작은 발이 피곤에 지치고/ 질끈 동여맨 무명치마 허리끈이 숨을 몰아쉬면/ 성황당에 올려놓은 조약돌이 꿈을 꾸고 있다.// 젊은 내 어머니와 소 몰던 까까머리 소년이/ 나뭇지게 지고 거닐던 행다리 그 길에는/ 오늘도 어머니가 아련한 고택으로 돌아온다.
> —「고향길」전문

이어 김순덕 수필가가 동리 선생의 시「달밤」을 낭송했고, 박성규 시인은 목월 선생 작시의 가곡「이별의 노래」를 묵직한 음성으로 열창했다. '기러기 울어예는 하늘 구만리/ 바람은 싸늘 불어 가을은 깊었네/ 아~아~ 너도 가고 나도 가야지'로 이어지는 가곡이다. 목월 선생이 젊은 시절 한 여대생과의 사이에 있었던 아름다운 사랑과 이별의 아픔을 읊은 시에 김성태 작곡가가 곡을 붙인 노래로 이룰 수 없는 사랑의 애틋함을 느끼게 했다. 박용래 시인은 목월 시인의 대표작 중 하나인 시「나그네」를 낭송했다.

> 강나루 건너서/ 밀밭 길을// 구름에 달 가듯이/ 가는 나그네.// 길은 외줄기/ 남도 삼백 리// 술 익는 마을마다/ 타는 저녁놀// 구름에 달 가듯이/ 가는 나그네.
> —「나그네」전문

한 폭의 동양화를 보는 듯하다. 「나그네」는 청록파로 불리는 박목월, 박두진, 조지훈 시인이 1946년 발간한 시집 『청록집』에 실린 시로 조지훈이 쓴 '목월에게'라는 부제가 달린 시 「완화삼(玩花衫)」의 '술 익는 강마을의 저녁놀이여'라는 구절에서 시상을 얻어 지었다고 전한다. 여백의 미를 즐겼던 목월 시인은 동양적인 달관의 경지를 전통적 운율로 아름답게 그려냈다. 김옥란 시인이 마이크를 넘겨받아 목월 선생의 시 「어머니가 앓는 밤에」를 낭송했다.

> 수건으로 머리를 동여매고/ 어머니는 아랫목에 앓아누워 계시고// 나는 건넛마을 조약국(趙藥局)을 모시러 갔다.(중략)// 밤은 길고 길었다// 끙끙 앓는 어머니 머리맡에/ 무릎을 모아 앉아 있으면/ 나의 정성만으로는/ 어머니의 병이 낫지 않을 것만 같은/ 불안한 밤을// (중략)// 약을 달이며 밖으로 나오면/ 우중충한 봄밤을/ 지붕 저편으로 달무리가 기울고 있었다. (후략)
> ―「어머니가 앓는 밤에」 부분

앓아누우신 어머니를 간병하는 시인은 어머니의 병환을 지켜보기에는 너무 '밤은 길고 길었다'고 초조하고 안타까운 마음을 드러낸다.

자신의 정성만으로는 어머니가 쾌차할 수 없을 것 같은 불안한 밤의 시간을 시인이 아닌 아들의 마음으로 읊고 있다. 효심이 담겨 있는 시다. 동리 선생의 유작시 「어머니」는 한서경 회원이 낭송했다.

> 가을 들녘에 내리는 황혼은/ 내 어머니의 그림자/ 까마득한 옛날 이미 먼 나라로 가신/ 그러나 잠시도 내 곁을 떠난 적 없는/ 따스한

햇볕처럼/ 설운 노래처럼/ 언제나 내 곁을 맴도는/ 어머니의 그림자
―「어머니」 전문

　동리 선생은 어머니 허임순 여사가 42세 때 얻은 5남매 중 막내였다. 동리는 젖이 모자라 세 살 무렵부터 재강(술찌끼)이나 아버지 김임수가 남긴 술을 입에 대게 된다. 아버지는 장사를 했는데 경제적으로 여유가 생기자 술과 여자를 가까이 하게 되고, 이로 인해 부부 사이에 분란이 잦았다고 한다. 어머니는 이러한 갈등의 해결책을 종교에서 찾았고, 어린 동리도 자연스레 어머니의 영향을 받게 된다.
　시 「어머니」는 어린 시절 어려운 환경 속에서도 자신을 따뜻이 사랑하고 가르침을 주신 어머니에 대한 헌시가 아니었을까 생각해 본다.

나이를 잊은 文靑들

　차내 마이크는 조숙자 수필가에게로 넘겨졌다. 그는 목월 시인의 시이자 가곡인 「사월의 노래」를 낭송했는데, 이 시는 곧바로 색소폰 연주자인 최봉순 시조시인이 받아 노래로 불렀다.

목련꽃 그늘 아래서 베르테르의 편지를 읽노라/ 구름 꽃 피는 언덕에서 피리를 부노라/아~ 멀리 떠나온 이름 모를 항구에서 배를 타노라/ 돌아온 사월은 생명의 등불을 밝혀든다/ 빛나는 꿈의 계절아 눈물어린 무지개 계절아/ 목련꽃 그늘 아래서 긴 사연의 편지를 쓰노라/(중략)/ 돌아온 사월은 생명의 등불을 밝혀든다/ 빛나는 꿈의 계절아 눈물어린 무지개 계절아
―「사월의 노래」 부분

다음 순서는 최승학 시인에게 돌아갔다. 최 시인은 목월 선생의 시 「가정」의 시학에 대해 해설했다.

> 지상에는/ 아홉 켤레의 신발/ 아니 현관에는 아니 들깐에는/ 아니 어느 시인의 가정에는/ 알전등이 켜질 무렵을/ 문수(文數)가 다른 아홉 켤레의 신발을.//(중략)// 아랫목에 모인/ 아홉 마리의 강아지야/ 강아지 같은 것들아./ 굴욕과 굶주림의 추운 길을 걸어/ 내가 왔다./ 아버지가 왔다./ 아니 십구문 반(十九文半)의 신발이 왔다./ 아니 지상에는/ 아버지라는 어설픈 것이/ 존재한다./ 미소하는/ 내 얼굴을 보아라.
> ―「가정」 부분

목월 선생은 어머니의 사랑과 가르침을 노래한 시는 많이 발표했으나 아버지를 그리는 시는 찾아보기가 어렵다. 자신이 가정을 이룬 후에야 비로소 아버지로서, 가장으로서, 자녀들을 따뜻하게 품고 지켜야 한다고 다짐한다. '굴욕과 굶주림의 추운 길'을 걷고 있는 가장의 곤고한 삶이지만 가정의 행복이 강아지 같은 자식들에게 있음을 드러낸 시다.

이어 정철교 수필가는 목월 시인의 시 「어머니의 기도」를 낭송했다.

> 어머니는 내가 잠들기 전에/ 꼭 내 곁에 와서 기도를 하셨습니다.//(중략)어머니가 기도를 하시면/ 내 마음은 평화와 사랑이 가득 차는 것 같았습니다.//(후략)
> ―「어머니의 기도」 부분

정 수필가는 시 낭송에 이어 굵직한 음성으로 「찔레꽃」을 불렀다. '엄마 일 가는 길에 하얀 찔레꽃/ 찔레꽃 하얀 잎은 맛도 좋지/ 배고픈 날 가만히 따 먹었다오/ 엄마 엄마 부르며 따 먹었다오.' 이원수 선생이 쓴 동시에 박태준 작곡의「가을밤」곡을 입힌 동요다. 엄마와 떨어져 있는 어린 아이의 외로움, 꿈속에서까지 엄마를 그리는 동심을 잘 나타냈다.

「찔레꽃」에 이어 권혁승 회장이 부르는 동요「얼룩 송아지」가 흐른다. '송아지 송아지/ 얼룩 송아지// 엄마소도 얼룩 소/ 엄마 닮았네.// 송아지 송아지/ 얼룩 송아지/ 엄마 귀도 얼룩 귀/ 귀가 닮았네'가 전문으로, 목월 선생이 1946년 출간한 동요집『초록별』에 실려 있다. 1960년 손대업 작곡가에 의해 동요로 재탄생한「얼룩 송아지」는 말을 배우기 시작한 유아부터 어른에 이르기까지 폭넓게 불리는 동요가 되었다.

백교문학회 문학기행단 일행을 태운 버스는 여전히 동해와 나란히 달린다. 태평양을 향해 탁 트인 푸른 바다와 높은 하늘, 녹음으로 짙어지는 숲들이 합창을 하는 듯한 길이다. 차내는 나이를 잊은 문청(文靑)들의 열기로 뜨거우면서도 문향(文香)이 은은하게 번지고 있었다. 시 낭송회는 사회자인 이부녀 시인이 최승학 시인의 시「어머니라는 이름의 여자」(제3회 백교문학상 대상 수상작)와 목월 시인의「가정」을 낭송하는 것으로 마무리됐다.

> 여자는 장밋빛이다/ 여자는/ 청보리밭에서 꺼내온 옹기 같이 피어/ 어머니로 지는 꽃/ 가장 작은 하늘 섬기면서/(중략)/ 들꽃 같이 엷어지는 여자/(중략)/ 그 은은한 꽃향기 어머니/ 가슴 깊이 새겨져 끝없이 절을 올리고 싶은 이름이다//(중략)// 내 몫이라곤 한 쪽 가져본 적 없는 꽃/ 고운 모습 새삼 그리워지는 이름 어머니!(후략)
> ―「어머니라는 이름의 여자」부분

한국문학의 본향 경주

한국문학의 거봉으로 불리는 동리 목월 두 분의 문학적 향훈(香薰)을 맡으러 가는 길은 멀었다. 강릉시청 앞을 출발한 지 4시간 30분, 버스는 천년고도 경주에 도착했다. 경주는 시가지 전체가 지붕 없는 박물관으로 불릴 정도로 천 년 신라의 찬란한 불교문화를 자랑하는 도시다. 불교문화에 맞춰 문학도 융성했고, 그 바탕은 오늘에 이르러 소설가 김동리 선생과 시인 박목월 선생을 탄생시켰다.

버스에서 내리자 누군가가 빠른 걸음으로 다가와 일행을 반갑게 맞이한다. 경주에 거주하는 김영미 수필가(제1회 백교문학상 수상자)가 마중을 나왔다. 김 수필가의 안내로 동리목월문학관으로 향했다. 올해로 개관 10주년을 맞은 문학관은 토함산 기슭 오른쪽에 자리하고 있었다. 불국사로 오르는 길가에 세운 빨간 표지판을 따라 가파른 계단을 오르니 숲으로 둘러싸인 아늑한 장소가 드러나고, 한옥양식의 건물이 일행을 맞는다. 커다란 새가 날개를 펴고 있는 형상이다. 그 새는 문학이란 양식(糧食)과 내일에의 희망을 날라다 주는 새일 거라고 생각해본다. 건물을 정면으로 보았을 때 왼쪽 날개가 동리 선생의 전시실, 오른쪽 날개가 목월 선생의 전시실이다.

문학관 정원에는 두 문인의 문학적 업적을 기리는 후배·제자 시인들의 찬가가 나무 시비(詩碑)로 세워져 있어 눈길을 끌었다. 김후란 시인의 「목월 시인」, 오세영 시인의 「박목월」, 문덕수 시인의 「찬 김동리」, 유안진 시인의 「시의 고향 木月里」, 허영자 시인의 「두 채의 딥」, 문효치 시인의 「목월 생각」, 신달자

시인의「한마디 말씀」등의 시가 두 문학 거봉의 문학업적을 말해 주고 있었다.

문학관 1층 사무실에서 장윤익 동리목월문학관 관장(문학평론가)이 문학기행단을 반갑게 맞아주었다. 『思親文學』창간을 기념하는 백교문학회의 문학기행을 미리 알린 터였다. 권혁승 회장이 백교문학회 창립과 백교문학상 제정 및 시상, 『思親文學』창간 의의 등을 설명했다.

"백교문학회의 태동지인 강릉은 우리나라 어머니의 사표인 신사임당과 효심이 지극했던 이율곡 모자가 태어난 곳입니다. 백교문학회는 강릉 오죽헌 햇다리 마을에 사모정공원을 조성, 젊은이들에게 효사상을 함양하고, 우리의 효사상이 한국의 기본사상으로 더욱 높이 발현되도록 하는 한편 해외에도 널리 알려 사친문학의 새로운 장르를 정립하는데 앞장서고 있습니다. 2010년 백교문학상을 제정, 지난해까지 6회를 시상했으며, 올해는 문학지『思親文學』을 창간, 한국의 효사상이 세계로 널리 퍼지게 하고 나아가 우리의 문화영토를 넓히고자 합니다."

권 회장의 설명은 이어졌다.

"백교문학회는 2018년 강릉평창동계올림픽을 문화올림픽으로 승화시키고 한국의 효사상 세계화운동의 일환으로 2015년 효를 주제로 한 글 모음집『세상의 빛, 어머니 사랑』(권혁승 편저)을 발간, 국내 200여 개 도서관에 비치했고, 영문판『The light of the world, Mother's love』는 세계 65개국 130개 도서관에 비치, 열람토록 했습니다. 아울러 세계 80개국 IOC위원 114명에게도 전달, 한국의 효사상이 올림픽정신과 함께 인류문화 발전에 기여토록 했습니다."

설명을 마친 권 회장은 두 권의 저서를 장 관장에게 증정했다. 목월 시인의 사친시 「어머니의 눈물」이 서시로 실려 있는 책이다. 장 관장은 이 책을 목월전시관의 장서로 비치하겠다고 했다. 우리 일행은 영상실에서 장 관장으로부터 동리목월문학관의 건립취지와 두 선생의 문학세계, 문학적 교유에 얽힌 일화 등을 들었다.

"경주는 시가(詩歌)의 발상지이자 소설의 발상지입니다. 신라의 향가문학(鄕歌文學)을 탄생시켰고, 우리나라 최초의 소설인 「금오신화」 역시 김시습이 경주 금오산 용장사에 은거하면서 지은 것이라고 전해오고 있습니다. 경주는 한국문학의 본향이라고 할 수 있죠. 따라서 이 지역에서 태어난 동리 선생과 목월 선생이 한국문학의 양대 산맥(소설·시)을 이루었다는 것은 예고된 일이었고 현대한국문학사에 큰 획을 그었다는 평가를 받기에 부족함이 없다고 생각합니다. 이러한 두 분의 문학정신을 기리고 이를 후대가 물려받아 더 좋은 작가가 나오도록 하고, 나아가 두 분의 문학세계를 국내는 물론 해외에도 널리 알려 세계화하자는 취지에서 두 분의 이름을 딴 문학관을 건립하게 되었습니다."

장 관장은 동리 선생을 '한국이 낳은 세계적인 작가'라고 했고, 목월 선생을 가리켜 '국민과 호흡을 함께 한 국민시인'이라고 평가했다.

"동리 선생의 작품은 외국어로 번역된 것만도 15권에 이르고, 1982년에는 소설 「을화」(「무녀도」 개작)가 노벨문학상 최종 후보작 3편에 선정될 만큼 세계적으로 작품의 우수성을 인정을 받앉습니다. 단군의 홍익인간사상과 민족의 정체성(正體性)을 살린 소설을 집필, 한국문학을 새롭게 정립한 작가로, 세계 인류보편화로 나아가는 길을 열었다는 평가를 받고 있습니다. 목월 선생은 한국의 향토적인 서정과 토착적·민족적 가락을 살려서 새롭게 문학을 정립한 작가라 하겠습니다. 시 외에도 많은 동요를 발표, 국민 누구나 쉽게 접근할 수 있는 작품을 남겼다는 점도 특기할 만한 일입니다."

장 관장은 동리목월문학관이 두 문인의 문학정신을 이어받는 사업이 다양하지만 그 가운데서도 동리목월문학창작대학을 들었다. 2007년 개교, 올해로 10기 입학생을 맞은 창작대학은 입문반, 연구반, 시 심화반으로 나뉘는데 지금까지 1,230여 명이 이 대학에서 문학공부를 했고, 150여 명이 등단(신춘문예 37명 포함)했다고 한다. 또 각종 문학상 수상자도 150여 명에 이른다고 덧붙였다. 장 관장은 동리 선생과 목월 선생이 경주에서 문학수업을 하는 동안 있었던 교유의 일화도 들려주었다.

"동리 선생이 경신고보에 다닐 때 방학을 맞아 서울에서 경주로 오는 열차 안에서 맞은편에 앉은 여학생(진명여고 재학)을 보고 한눈에 반했답니다. 알고 보니 인근의 대단한 부잣집 딸이어서 말도 못 붙이고 끙끙 앓고 있었는데, 이를 안 목월 선생이 대신 연서를 써서 전달해 주었다고 해요. 그래도 결국 답장이 없어 짝사랑으로 끝났는데, 40여 년 만에 동리 선생과 그 여학생, 두 사람이 극적으로 해후를 하게 됩니다. 경주신라문화제 백일장에서 동리 선생이 심사위원장을 맡아 한 여학생을 장원으로 뽑았는데, 그 여학생 집에서 감사의 뜻으로 심사위원들을 식사에 초대했어요. 거기서 동리 선생이 40여 년 전 열차에서 만났던 여자, 즉 여학생의 할머니를 만나게 됩니다. 극적이죠. 동리가 '왜 그때 답장을 주지 않았습니까'라고 묻자 할머니는 '남자가 왜 그리 적극적이지 못했습니까'라고 대답했답니다. 동리 선생은 이 에피소드를 1976년 단편소설 「선도산」으로 발표했습니다."

장 관장은 두 문인이 음악계에도 적잖은 영향을 미쳤다고 돌아본다. 목월 선생의 「사월의 노래」, 「그리움」, 「떠나는 배」, 「월색」, 「달」 등 20여 편이 가곡으로 만들어졌고, 동리 선생이 발표한 시 「무지개」, 「이렇게 나는 오늘도」, 「연」 등 10여 편이 가요로 작곡돼 불리고 있다. 이 중 '내 어려서부터 술 많이 마시고/ 까닭 없이 자꾸 울던 아이/ 울다 지쳐 어디서고 쓰러져 잠들면/ 꿈속은 언제나 무지개였네'로 이어지는 동리 선생의 시 「무지개」는 그가 세 살 때부터 술을 먹었다는 기록을 뒷받침해 준다.

다보탑 앞에서의 시 낭송

2층 문학관 전시실로 올라갔다. 전시실에는 유족으로부터 기증·위탁받은 동리 목월 선생의 저서를 포함한 7천여 종의 장서와 육필원고, 문학자료 1천500여 점, 생활유품 250여 점이 전시돼 있었다. 두 문인의 연보와 문학세계에 대한 설명도 잘 정리돼 있었다.

동리 선생은 경주 성건리에서 태어났고, 본명은 김시종(金始鍾)이다. 의학전공을 목표로 대구 계성중학교에 들어갔으나 이 학교가 전문학교 응시자격이 없다는 것을 알고는 2학년을 마친 후 서울 경신중학교로 전학한다. 그리고 선생님의 권유로 「카라마조프가의 형제들」, 「레미제라블」, 「아라비안나이트」 등을 읽게 된다. 1934년 조선일보 신춘문예에 시 「백로」가 입선하면서 등단하였고, 이듬해 조선중앙일보 신춘문예에 단편 「화랑의 후예」가 당선, 소설가로도 등단하게 된다. 이어 1936년 동아일보에 소설 「산화」가 또다시 당선작으로 뽑힌다. 신춘문예 3관왕이다. 「무녀도」(1947), 「역마」(1948), 「황토기」(1949) 등 토속성과 외래문화의 대립에 따른 인간성을 그리던 그의 작품경향은 한국전쟁 발발로 인한 동족상잔의 비극을 목도하면서 인간과 이념의 갈등을 주로 하는 작품으로 방향이 바뀐다. 「귀환장정」(1951), 「실존무」(1955), 「사반의 십자가」(1958) 등이 이에 속한다. 청년문학가협회장, 대한민국예술원 회원, 서라벌예술대학 교수, 한국문인협회 이사장, 중앙대학교 예술대학장 등을 역임하고 1981년 대한민국예술원 회장에 선임되었다.

 목월 선생은 경주시 서면 모량리에서 태어났고 본명은 박영종(朴泳鍾)이다. 1930년 4월 목월은 대구 계성중학교에 입학한다. 동리 선생의 학교 후배지만 동리 선생이 서울로 간 이후에 입학했기 때문에 함께 학교를 다니지는 않았다. 중학교 재학시절인 1932년부터 아동잡지 『아이생활』에 동요를 투고하기 시작, 1933년 『어린이』 잡지에 「통딱딱 통짝짝」을 발표하면서 기성동요시인의 대접을 받는다. 그 해 6월 동요 「제비맞이」가 여성잡지 『신가정』의 현상공모에 당선되자 목월은 평생을 문학에 걸겠다고 다짐한다. 1935년 3월 계성중학교를 졸업하고 경주동부금융조합에 취직한 목월은 동시만으로는 문학에 대한 갈증을 해소할 수 없다는 생각에 본격적으로 시에 매달리게 된다. 『학등』 1935년 1월호와 3월호에 각각 「달은 마술사」와 「송년송」을, 1936년에는 「옛날과 가랑비」를 발표했다. 1939년 9월 『문장』에 「길처럼」,「그것은 연륜이다」로 첫 추천, 같은 해 12월 「산그늘」이란 시로 두 번째 추천, 1940년 9월 「가을 어스름」,「연륜」으로 마지막 추천을 받는다.

정지용 시인은 추천사에서 "북에는 김소월이 있었거니, 남에 박목월이가 날만하다. 소월의 툭툭 불거지는 삭주 구성조(朔州龜城調)는 지금 읽어도 좋더니 목월이도 못지않다. 아기자기 섬세한 맛이 민요풍에서 시에 발하기까지 목월의 고심이 더 크다. 요적(謠的) 수사를 충분히 정리하고 나면 목월의 시가 바로 한국시다"라고 밝혔다.

목월은 1946년 동리의 권유로 조선청년문학가협회의 준비위원으로 참가하면서 박두진, 조지훈 시인 등을 알게 되어 그 해 6월 3인 시집 『청록집』을 발간하고 이후 『산도화』, 『난·기타』, 『청담』, 『경상도의 가랑잎』, 『어머니』, 『무순』, 『크고 부드러운 손』(유고 신앙시집) 등의 시집을 냈다. 1961년 한양대학교 교수가 되었고 1976년 한양대학교 문리과대학장에 취임했다. 1965년 대한민국예술원 회원, 1968년 한국시인협회 회장으로 선임됐으며 1973년에는 시 전문지 『심상』의 발행인이 되었다.

전시실에는 두 문인이 생전에 집필하던 서재가 복원되어 있었고, 크기와 모양이 같은 각각의 흉상이 봉안돼 있었다. 동리 선생의 흉상 뒤에는 이어령 박사의 '동리 문학은 나귀이다. 모든 것이 죽고 난 뒤에 찾아오는 나귀이다'라는 글이 붙어 있었고, 목월 선생 흉상 뒤에는 '구름에 달 가듯이 가는 나그네'라는 자작시 한 구절이 보였다. 동리전시실에는 그의 대표작인 「등신불」, 「황토기」를 애니메이션으로 꾸민 영상이 흐르고 있었고, 목월전시실에서는 목월 시인의 육성 시 낭송이 흘러나왔다.

동리목월문학관 탐방을 마친 백교문학회 문학기행단은 김영미 수필가의 안내로 불국사로 올라갔다. 경내를 둘러본 뒤 다보탑 앞에서 김영미 수필가가 허영자 시인이 동리 목월 선생의 문학적 업적을 기려 지은 시 「두 채의 탑」을 낭송했다.

> 서라벌/ 푸른 하늘을 받들고 선/ 석가탑과 다보탑은/ 서라벌 천년의 불심(佛心)이 어린/ 두 채의 보배탑// 한국문학사/ 그 면면의 흐름 위에 우뚝 선/ 목월(木月)과 동리(東里)는/ 한국인의 마음속에 영원히 서 있는/ 두 채의 금자탑.
> ― 「두 채의 탑」 전문

문학기행단은 불국사를 나와 황성공원으로 향했다. 황성공원은 동리 목월 두 문인이 젊은 시절 함께 거닐며 문학의 꿈을 키운 곳으로, 목월의 「얼룩 송아지」 노래비와 동리의 문학비가 이웃해서 서 있었다. 백교문학회 문학기행단은 보문단지 내에 있는 목월공원과 동리 선생의 소설 「무녀도」의 무대인 금장대와 예기소를 탐방하려 했으나 시간이 부족해 아쉬운 발길을 돌려야 했다.

동리목월문학관 탐방 문학기행에 대한 백교문학회 회원들의 관심은 뜨거웠다. 박성규·최승학 두 시인의 탐방 소감과 동리 목월 두 문인의 작품세계를 들어보았다.

신비적이면서 허무적인 동리문학 — 박성규(시인)

동리 선생은 「무녀도」에서는 토속적인 샤머니즘과 서구 외래 사상인 기독교와의 갈등 관계를 설정하여 근대화 과정에서 한국 고유사상이 사라져 가는 삶의 모습을, 「황토기」에서는 용의 전설을 인용하여 인생의 허무를 말하려 했다. 「등신불」에서는 인간과 신의 관계에 대한 철학적인 문제를 제시했다. 대표작이라 할 수 있는 위 3편의 작품에서 찾아볼 수 있는 점은 신비적이면서 허무적이라 하겠다. 이는 문단 수련을 위해 다솔사, 해인사 등에 머물던 시기의 영향을 받지 않았나 하는 짐작이 간다. 그러나 해방 이후 보여준 작품은 인간성의 옹호, 생의 근원적 탐구를 통해 사상적인 깊이를 더해 주고 있으니 장편소설 『사반의 십자가』를 예로 들 수 있다.

목월 선생의 『청록집』(1946)은 해방 이후 이 땅에 처음 나온 시집으로 보편적 향수의 미감을 포함하고 있어 시단에 큰 선물이라 하겠다. 첫 시집 『산도화』에서는 독특한 전통적 시풍을 보이면서 시인과 자연과의 교감을 나타내고 있으며 민요적 율조를 이룬 짤막한 서정적인 작품들을 보여주고 있다. 이 시집에는 조지훈과의 화답시인 「나그네」가 실려 있다. 토속적인 정취가 풍기고 있는 이 작품은 목월의 작품 중에서 가장 많이 애송되는 시가 아닌가 한다.

『난·기타』, 『청담』, 『어머니』 같은 시집에서는 시의 소재를 가족과 생활 주변에서 택하면서 인간의 운명과 사물의 본질에 대한 추구를 시도했으며 연작시 「사력질」에서는 냉철한 통찰을 통해 생과 죽음에 대한 달관의 자세를 보여주고 있어 선생의 연륜을 짐작케 한다. 선생의 작품세계를 묶어 한마디로 말하기는 어렵지만 초기에는 향토적, 민요적인 서정시라 할 수 있을 것이고, 후기 작품은 인간의 삶을 바라보는 생활에 밀착된 향수를 그린 서정시라 말해도 될 듯하다.

평생 시와의 인연 버리지 못하게 한 「사월의 노래」— 최승학(시인)
　내가 워낙 좋아하는 목월 선생의 시들이 처음으로 시집에 기록되어 있는 – 전시 되어 있는 당시의 시집 – 모습이 또 다른 작품인 것처럼 내 가슴을 출렁거리게 했다. 열다섯 살 때 만난 '목련꽃 그늘 아래서 베르테르의 편지를 읽노라'를 부르며 그때 그 콩닥거리던 내 가슴을 다시 쓸어보았다. 평생 시와의 인연을 버리지 못하게 내 마음을 사로잡은 그 노래는 물론, 고등학교 학생들을 가르치며 수없이 읽어 내렸던 「나그네」를 만난 반가움은 무어라 말해야 할까.
　동리 선생의 「등신불」도 예외가 아니었다. 소설이라는 단어에 굳어 있던 나의 소견머리를 치는 시편들은 신선한 충격이었다. 문학시간에 소설 이해의 확장을 위하여 「무녀도」, 「황토기」 등을 학생들과 토론하던 추억들이 샘물처럼 솟아올랐다.

언론인, 한국일보 문화부장, 한국간행물윤리위원회 전문위원 역임, 백교문학회 이사, 『思親文學』 주간

역대 백교문학상 수상자 작품

시
조영민 | 정성수 | 김부조 | 김형미 | 이강하
정재돈 | 김옥란 | 이원용 | 윤월희

수필
김영미 | 유채연 | 박서정 | 최승학 | 김순덕
이옥경 | 황인숙 | 이용철

역대 백교문학상 수상자 작품—시

거스름돈을 받다

조 영 민

1.

간판은 어둠의 드릴로 고정되었다. 내 안의 빛이 날벌레를 유인하고 날벌레가 날 유인하기도 한다. 바람은 언뜻언뜻 불었지만 샅샅이 불었다. 몸속 메뚜기 떼가 사라지고 태양의 간판은 여기저기 뜯어졌다

2.

나는 세상의 간판이 되었고, 때로는 누군가의 하루치 공복을 수선하는 좌판이 되곤 했다. 고독의 24시는 성업을 이루고 잘 마른 빗줄기를 팔았다 새 물건은 들어오는 대로 팔려 나갔다. 팔게 없어지면 어머니 뜰의 어둠을 골동품으로 팔고 누이 안의 나물도 뜯어다 팔았다

3.

사고파는 단순한 경전이 세상의 기름진 학문들을 가볍게 따돌렸고 싼값에 봄볕을 매입하면 봄볕은 나를 헐값으로 가을에 팔았다. 아버지를 떨이로 넘긴 것은, 결국 나였다. 아버지는 뙤약볕의

꽃을 꺾어 길에 두었지만 나는 한 번도 그 길을 가지 않았다. 잘 알던 길도 기억 속에서 분실하고 나면 더 이상 길이 아니었다

4.

흥청망청은 청춘의 작은 화폐 단위다 쓰다 보면 새벽은 금세 거덜 나고 부채처럼 낯선 새벽이 찾아 왔다 청춘은 내가 경험한 첫 대형 사기였다. 고리대금업자 같은 시간이 차려준 이 좌판에서 뭐든 다 팔리면 막장인데 그때의 아버지같이 나도 팔린다. 내 속의 물고기들을 다 팔아야 하는데 나는 간판이 없다. 아버지와 나는 세상의 매출을 올려 주었지만, 세상은 우리에게 향기로운 마진이 되어주지는 않았다. 6월의 태양은 수시로 관절염을 앓았고, 거리의 바람은 온 종일 아무데서나 호루라기를 불었다

시인, 『현대시학』 등단, 제1회 백교문학상 대상 · 한국산악문학상(2011) · 영남일보문학상(2012) · 아동문예 문학상 수상, 한국시인협회 · 백교문학회 회원

역대 백교문학상 수상자 작품—시

엄마와 어머니

정 성 수

이 세상에 와서 맨 처음 배운 말
엄마!
이 세상에서 가장 짧은 기도
엄마!
저 세상으로 갈 때 마지막으로 부르는 이름
어머니!
저 세상 귀까지 울리는 기도
어머니!
생각할수록
보고 싶은 얼굴이
엄마다
부를수록
눈물 나는 이름이
어머니다
엄마와 어머니 사이가 자식들의 한 생이다

시인, 서울신문으로 등단, 저서 : 시집 『공든 탑』 외, 동시집 『첫꽃』 외, 장편동화 『폐암 걸린 호랑이』 외, 제2회 백교문학상 · 세종문화상 · 소월시문학대상 · 한국문학예술상 외 수상, 백교문학회 회원

역대 백교문학상 수상자 작품—시

어머니의 가방

김 부 조

그날,
낡은 무릎을 달래 가며 어머니가
노인정을 다녀오셨다
연한 갈색 지팡이와 이웃한
작은 꽃무늬 가방 속에
고단한 생각들을 잘게 접어 넣은 채
가벼운 얼굴로 다녀오셨다

자잘한 삶의 숙제를 꼼꼼히 풀어 가듯
읽고 또 읽어
마침내 신문지가 된 신문과
날마다 어머니가 편들어 우쭐해진
아들의 시집 몇 권,
그리고 이제는
날짜마저 희미해진 일기장,
그 인연들과의
버릴 수 없는 무게가

그날도 가방 속에서 연신
어머니를 담금질하고 있었다

그러나 무거운 얼굴의 나는
어머니의 그 가방에 낯뜨거울 만큼
너무 오래
텅 빈 가방으로만 떠돌고 있어

그날,
어머니가
가벼운 얼굴로 다녀오시던 그날,
무거운 얼굴을 버리지 못한 나는
그 가방 앞에서 서둘러
종아리를 걷어야만 했다

시인, 2009년 『지구문학』 등단, 제3회 백교문학상 수상, 시집 :『그리운 것은 아름답다』,『어머니의 뒷모습』,『그리움도 사랑이다』, 백교문학회 회원

역대 백교문학상 수상자 작품—시

이브의 봄

김 형 미

꽃송이를 숨긴 나무들 사이
봄이 들썩거린다

화단에 피어 있는 꽃을 바라보던 어머니
목욕이 하고 싶다 했다

욕조 가득 물을 받아
겨우내 묵었을 허물을 씻기고
가슴속 생채기들이 쓸려나가길 바라며
구석구석 비누칠 한다

꽃봉오리 같던 젖가슴은
아홉 자식을 건사하느라
빈 무덤인 양 구슬프게 매달려 있다

꽃의 시간이 지나고
모든 향기가 빠져나간 몸

벗은 몸으로 수치를 몰랐던 이브
어머니는 시나브로 이브가 되어 가고 있었다

마른 가지에 새싹이 돋듯
멈춰버린 반쪽에 물오름이 찾아온다면
내 정녕, 다시 봄을 맞지 않아도 좋으리

햇살은 어느덧 거실 깊숙이 들어와 있고
어머니는 오그라든 몸을 세워
주기도문을 외우고 계신다

시인. 국민일보 신춘문예 우수상, 기독공보 신춘문예 가작, 제4회 백교문학상 대상 · 신사임당백일장 장원 · 여수해양문학 우수상 수상, 백교문학회 회원

역대 백교문학상 수상자 작품—시

남매

이 강 하

우리 사이는 청산 가는 길
비 그친 몰랑이 짙푸르다
간혹 십일월의 감나무들이 출몰하지만
그것은 기울어진 어깨들
너와 나를 안심시킨다

첫 감탄, 첫 양보처럼
우리 사이는 지혜로운 입구를 사랑한다
바람 부는 날에도 정지된 순간에도
아버지 나라를 토로하는 사이

산뜻한 언어로 엮어진 통로
우리 사이가 그래서 편안하다
비가 더 오면 어떠리
밤이 되면 어떠리

우리가 매일매일 행복하기를
어머님이 보내주신 우전차처럼
보드랍고 평화로운 길
연두와 초록 사이다

시인, 『시와 세계』 등단, 시집 : 『화몽』, 『붉은 첼로』, 제2회 두레문학상 · 제4회 백교문학상 수상, 백교문학회 회원

역대 백교문학상 수상자 작품-시

고서(古書)

정 재 돈

책장 후미진 곳 너덜너덜한 한 권의 고서는
풍파의 세월 애정의 가르침과 바지런한 움직임으로 해진
어머니의 찬란한 육신이다

파릇파릇한 계절 순결한 옷을 입으시고
빼곡한 문장의 설렘을 간직한 채
가정의 서재에 사뿐사뿐 오신 어머니
서투른 솜씨와 어색한 몸짓에 자꾸만 제자리로 돌아왔던 페이지
끈끈한 사유와 우뚝한 손날을 세워 엄마라는 강직한 제목을 만들어
시나브로 빠른 몸놀림과 매끈한 넘김으로 지내오셨다

당신의 선한 글씨와 문구를
애틋한 애정으로 속속들이 내어 놓을 때마다
고운 살결에 가사의 먼지가 하나둘 쌓인 줄도 모르고
자식이 다가가면 꿋꿋하게 일어서 미쁘게 가족의 페이지를

넘기셨다

수십 년 어둑하고 냉랭한 골방
묵묵히 혈혈무의 삼키며 자식을 위해 다사다망했던 어머니
당신이 준 명쾌한 단어와 문장들이
험난한 세상 여태껏 버티게 해준 근원이었다

얼굴과 손등에 후줄근한 입김으로 물들어 버린
지워지지 않는 인고의 글씨들
영롱한 꽃잎이 되어 가슴에 모정의 향기로 뚝뚝 떨어진다

시인, 2011년 『맑은누리문학』 등단, 경남문학관 제9회 시술제 장원 · 천상병백일장 장원 · 제2회 무궁화문학상 대상 · 제2회 이해조문학상 · 제5회 백교문학상 대상 · 제6회 철도문학상 우수상 · 제2회 항공문학상 최우수상 수상, 현 맑은누리문학 대표, 백교문학회 회원

역대 백교문학상 수상자 작품—시

어머니가 읽는 책

김 옥 란

오월 초입을 흔들어 놓은 세찬 바람 끝에
'피해 없느냐'며 달려온 목소리
흐려진 시력으로
빼곡한 내 삶의 행간을 읽으시고
근심으로 밑줄을 그으십니다. 당신은

내가 아프거나 내 아이들이 아플 때
근심을 자동차처럼 타고 왔고
예기치 못한 사고에 손이 필요할 때
당신의 손은 해결사처럼 달려왔습니다.
나는 그 근심을 양식으로 커왔고
살이 올랐고 세월을 견뎠습니다.

우리는 같은 눈으로 같은 길을 읽고 있는 것 같지만
나는 아직
어머니를 다 읽지 못하는 까막눈입니다.
숱한 밤을 혼자 아파하며 지새웠다는

당신의 일흔을 까맣게 모른 채 단잠에 빠져 있었고
걸음마다 주저앉고 싶은 다리를 끌고 일상을 견디는
당신의 여든도 속속들이 다 읽어내지 못했습니다.

이렇듯 깜깜한 나를
당신이 아닌 누가 알뜰히 정독할까요.
이제는
촉이 닳았을 당신의 근심이 여전히
예순이 다된 자식을 읽으며 밑줄 긋고 있다는 것이
너무 뜨거워 가슴 데이는 오월입니다

시인, 2000년 『문학공간』으로 등단, 강릉문학 작가상 · 제5회 백교문학상 수상,
시집 : 『마음에 그리는 수채화』, 백교문학회 회원

역대 백교문학상 수상자 작품—시

어머니의 모국어

이 원 용

가난한 가문을 이어오시면서
온 집안 친척과 자식들에게
올바른 행동을 권고처럼 알리시는
그 뜻을 가슴에 담습니다

나이든 사람은 그렇게
어린것들에게는 귀여운 사랑을
동서지간은 상하를 아울러 주시고
그 많은 식솔과 제사를 모셔주시니
우리 가문의 빛이시네요

시집살이 시작하시면서
전쟁터로 임을 보내고
혼조차 찾지 못하여도
내색조차 않으시고 키워 주심에
이 철부지는 가슴의 깊이를 재어 봅니다

조용히 살아오시는 당신의 삶이
우리 문중의 영광이기에
당신은 우리의 위대한 모국어이지요

시인, 월간 『한맥문학』 등단, 시집 : 『날지 않는 나비』, 『달빛문신』, 『섬과 산의 소묘』, 월더니스문학 고문, 스토리문학 경기지부장, 홍조근정훈장 · 제6회 백교문학상 외 다수 수상, 백교문학회 회원

역대 백교문학상 수상자 작품—시

뒤란에서

윤 월 희

어머니는 항상
뒤란에 계셨지.

잘 익은 장독 속에
당신 꿈 꼭꼭 묻어 놓으시고
곳간 속 항아리마다
자식들 꿈 꼭꼭 쟁여 놓으시고

햇살 한 줌
더 담아 두시려
맑은 바람 한 줄기
더 눌러 놓으시려

셀 수 없는 세월을
뒤란에 심으셨지.

바람 멎고 고요히

눈꽃 흩날리던 날
눈꽃잎 따라 하늘하늘
날아가신 어머니

오늘은 돌아와
뒤란에 계시네.

화안한 햇살이 포근히
영산홍 붉은 꽃을 끌어안은
그 속에

영산홍 붉은 꽃이 소복이
장독대를 끌어안은
그 속에

옹기종기 모여 앉아
달래 부추 쓰다듬으시며
어머니 손 찾아 헤매던
더덕줄기 손잡아 주시던

꽃인 듯
햇살인 듯
앉아 계시네.

여기
뒤란 가득
그리운 어머니 계시네.

시인, 강원일보 신춘문예 동시 당선, 『아동문학평론』 동시 천료, 강원아동문학
상·제6회 백교문학상 수상, 백교문학회 회원

역대 백교문학상 수상자 작품-수필

사모정

김 영 미

　신사임당 생가인 오죽헌 뒷담을 돌아가면 핸다리마을이 나타난다. 그 마을 초입에는 흰다리가 핸다리가 된 사연을 알리는 안내비가 서 있다. 마을 개천이면 으레 걸쳐지는 흔한 다리지만 그 사연이 애틋했다. 무논에서 베어진 볏단이 난간에 걸쳐져 있는 모습조차 정겹게 보였다. 통과의례처럼 이 다리 앞을 지나 사모정을 만났다.
　내가 그곳을 찾은 때는 시월로 들어서는 첫날이었다. 들판은 황금빛으로 윤이 났고 산에는 송이향이 가득한 그런 맑은 날이었다. 경주에서 강릉까지 가는 길은 새로이 닦인 도로라 해도 하루가 꼬박 걸리는 일정이었다. 지나치는 곳곳에서 이색적인 행사를 알리는 플래카드가 눈을 붙들었지만 곁눈 한 번 없이 바쁜 걸음을 했다. 모처럼 남편과의 여행이었지만 내 기분은 차창에 갇힌 바다처럼 잔잔히 안으로만 잦아들었다.
　기실 따지고 보면 온전히 둘만이 여행을 떠난 지가 언제 적인가 날짜를 헤아릴 수 없을 만큼 가물가물하다. 어쩜 결혼 후 처음은 아닌가 싶은 맘이 들게 바쁘게 살아온 날들이었다. 아침에 들여다본 거울 속에는 눈꼬리가 처지고 피부가 빛을 잃은 내가 보였다. 그만큼 지난 세월은 오르막길이었고 특히나 앞 일 년은 엄마의 암 소식과 임종까지 충격과 인내를 요구하는 날들이었다.

우리나라에 병을 고치러 원정을 올 만큼 의사들의 솜씨가 뛰어나다고 의학은 떠들어대었어도 정작 내 엄마에게는 통용이 되지 않았다. 그렇다고 온전히 그들만을 믿고 있을 수 없어 자연요법에 절대 신에게 기적을 바라는 애원까지 할 수 있는 것은 다해 보았다. 그런 노력에도 엄마의 배는 점점 불러지고 고통이 심해졌다. 암이란 것이 몸 구석구석을 다 점령하여 먹지도 걷지도 못하게 하면서도 정신만은 말짱히 내버려 두어 환자도 간호하는 사람도 견딜 수 없게 만들었다. 종장에 치매까지 와서 딸을 못 알아보게 되었다.

그쯤에서 나는 엄마를 붙들지 않았다. 안타까움이야 말로 다 할 수 없었지만 보내드리는 것이 엄마를 위하는 길이라 생각했다. 그래서 엄마 손을 잡고 편안히 가시라고, 아버지 걱정은 마시고 눈을 감으시라 말했다. 이런 내게 동생은 현실적이고 냉정하다고 핀잔을 주었다. 그러나 나는 엄마가 죽음보다 죽는다는 데 대한 공포로 더 고통스러워한다는 걸 알았다. 한 순간 숨을 몰아쉬다 편안한 얼굴이 되셨을 때 정작 나는 붙잡지 못한 아쉬움에 심장이 아파왔다. 자식이라는 죄인은 그 무엇으로도 대신 죄값을 치를 수 없도록 만들어진 자연의 법칙 앞에 눈물 이외에는 달리 속죄할 방법을 찾을 수 없었다.

산 사람은 살게 되어 있다더니 내가 딱 그 짝이다. 아직 채 석

달을 채우지 않았지만 벌써 먼 이야기 같다. 하늘이 무너질 것 같았던 슬픔에 잠 못 이루던 밤도 점점 줄어 들었고, 현실을 방패삼아 일상으로 빠른 회귀를 했다. 밥을 먹다가도 운전을 하다가도 느닷없이 터져나오는 눈물을 주체할 수 없는 것도 잠시 동안이었다. 간간이 남의 우스갯소리에 웃음이 나기도 하다가 스스로 놀라 멈칫거려지는 몸짓도 이제는 사라졌다. 너무나 쉽게 현실에 스며들어 망각한 채 살고 있다.

내 생애 처음 받는 문학상이라 얼떨떨하기도 하거니와 부끄럽기도 했다. 특히나 효를 주제로 한 상이라 아무것도 한 것도 없으면서 마치 도리를 다한 딸인 듯이 상을 받는다는 것은 죄스러운 일이었다. 그 옛날 김대성이 불국사를 지어 어머니를 기렸듯이 사모정 또한 어머니를 잊지 않으려는 마음을 담은 정자다. 그곳에서 상을 받게 되었다. 정자를 짓고 공원을 조성하신 분을 뵈었다. 당신의 이마에 주름이 저토록 깊어졌건만 아직도 한 마음으로 어머니를 기리는가 싶어 저절로 고개가 숙여졌다. 날아갈 듯 날이 선 추녀며 난간이 여느 정자와는 다른 기품과 정성이 보였다. 고인이 살아계실 때 어떠한 마음가짐으로 자식을 훈육하셨는지 능히 짐작할 수 있었다. 나란히 새겨진 사남매의 이름에서 우애를 읽었으며 깔끔하게 조성된 공원의 위치가 어머니의 품처럼 따뜻하였다.

사모정 기둥 위로 조각된 봉황의 눈이 내 심장을 뚫을 듯 노려보고 있다. 나의 다하지 못한 효를 질책하는 회초리만 같아 고개를 들 수 없었다. 자식을 교육하매 회초리로 따끔히 가르치고 칭찬으로 보듬어 안아야 하는 것은 예나 지금이나 같을 것이다. 그러나 회초리로 가르치기 전에 스스로 깨닫는다면 그보다 큰 교육은 없다고 본다. 나는 사모정 앞에서 상을 받은 것이 아니라 큰 깨달음을 얻었다. 내 자식을 가르침에 어떠해야 하는지를 다시 배우는 계기가 되었다.

다음날 엄마를 찾아갔다. 초등학교 때 상장을 손에 쥐고 엄마께 자랑스레 내보이듯이 뛰어왔건만 엄마는 대답이 없으시다. 받은 상패와 한 잔의 술을 올리고 큰 소리로 울었다.

"나 엄마 덕분에 상 받았어요."

그렇게 어리광을 피웠다. 내 나이 벌써 오십을 넘겼지만 엄마 앞에서는 언제나 어린애가 된다. 아직 흙을 다 감추지 못한 봉분을 쓸어 만지며 때 아닌 떼를 썼다. 칭찬은 이제 영영 아니하시려나 보다. 기뻐하시는 모습을 다시 꼭 한 번만 더 뵙고 싶다.

"나 상 받았다니까."

재차 보채보지만 역시나 말씀이 없으시다.

수필가, 책사랑전국수필대회 대상 · 김유정기억하기수필대회 대상 · 제1회 백교문학상 수상, 백교문학회 회원

역대 백교문학상 수상자 작품-수필

어머니와 신발

유 채 연

 자식이란 이름으로 사는 동안은 내 가슴에 영원히 남아 있을 어머니. 이 단어 하나만 들어도 언제나 가슴 찡한 울림이 있다.
 친정어머니를 뵈러 작은 언니 집에 갔었다. 갑작스런 방문에 기뻐할 모습을 상상하며 연락도 하지 않은 채였다. 아니나 다를까, 나를 반기는 어머니의 얼굴에 기쁨의 마른 눈물이 번진다. 그동안 조금 여윈 것 같긴 하지만 환한 표정에 정겨운 눈빛은 여전하시다. 어머니는 올해 여든일곱, 일제강점기 태생이시다. 한국사의 격동기를 겪으며 딸 다섯에 아들 둘을 낳아 기른 힘겨운 삶을 지낸 분이다. 요즈음은 지병인 관절염이 재발해 겨우 화장실 거동만 할 뿐 방안에서만 지내신다.
 오랜만에 어머니와 목욕을 했다. 자식 일곱을 생산한 어머니의 배는 가죽만 남아 있고, 머리칼은 힘없이 윤기도 다 사라져 버렸다. 푸른빛의 정맥은 수십 년 세월 동안 가지 친 인생고락을 고스란히 담고 툭 불거져 여기저기서 살갗을 뚫을 것처럼 보인다. 나는 아기 다루듯 정성껏 몸 전체를 씻어드렸다. 그리곤 목욕을 마친 어머니 앞에 사 가지고 간 신발과 옷을 내어놓았다. "네가 전에 사준 신발도 아직 멀쩡한데 신발은 무슨"이라고 하시며 이제 신발 신을 일이 어디 있겠느냐며 나직이 혼잣말을 하신다.

신발이라면 여러 번 사 드렸지만 기억은 까마득하다. 벌써 언제 적 일인가, 서둘러 신발장을 열었다. 들쑥날쑥 언니네 가족 신발들이 어지럽다. 그 틈 사이 낯익은 신발 한 켤레가 눈에 들어왔다. 자주색 가죽구두. 낡고 색 바랜 채 신발장 안에서 세월의 먼지를 고스란히 담고 있었다. 그 신발이 처음 어머니 것이 되었을 때도 벌써 스무 해가 넘었다. 아버지가 돌아가시고 얼마 지나지 않은 내가 외국에 살고 있었을 때였으니 꽤 오랜 시간이 흘렀다. 코끝이 낡아 듬성듬성 보푸라기가 핀 구두에서 먼 기억이 새어나온다.

어머니가 레지오* 단원이 되던 날이었다. 기념선물로 신발을 사 드렸다. 그날 밤이었다. 아직 할일이 남은 나는 잠시 쉬려고 거실바닥에 누워 눈을 감고 있었다. 그러다 깜빡 잠이 들었다. 인기척에 눈을 떴을 때 마주한 커튼에는 그림자가 일렁이고 있었다. 혹 도둑이 든 것은 아닐까. 당시 교포 집만 노리는 도둑이 있어 교포사회를 떠들썩하게 하던 때라 가슴이 털컥 내려앉았다. 놀란 가슴을 애써 진정시키며 살며시 뒤를 돌아보았다. 뜻밖에도 그림자의 주인은 작은 키의 어머니였다.

어머니는 가만가만 거실 카펫 위를 걸어 다니신다. 낮에 사드린 신을 신고 있었다. 다시 신어 보고 싶을 정도로 마음에 드셨던 모양인데 가족들 앞에서 그 감정을 나타내기가 쑥스러웠던가 보다. 침실을 함께 사용하던 손녀를 피해 한밤중 거실로 나오신 것을 보면 알 수 있었다. 바닥에 켜놓은 등빛이 어머니의 그림자를 담아 맞은편 커튼에서 멋진 춤사위를 만들어 내고 있었다. 그 모습이 하도 엄숙해 성스런 의식을 보는 듯했다. 차마 잠에서 깨어난 척을 할 수가 없었다. 가만히 어머니의 동작을 훔쳐보고만 있었다.

선물 받았을 당시에는 별 반응 없이 고맙다 한마디 하시던 어머니. 그때의 무덤덤한 표정은 간데 없다. 마치 천진한 어린아이처럼 상기된 표정으로 굽도 살피고 안에 손을 넣어 바닥을 두드려 보기도 한다. 벗었다 신기를 몇 번씩 반복하시던 어머니는 몇 발짝 발걸음 떼기도 하고 옆으로 뒤로 자세를 바꾸며 신발 신은 당신의 모습을 거울에 비추어 본다. 그 모습이 하도 곱고 귀여워 가만히 보고만 있던 나는 하마터면 엄마, 하고 부를 뻔했었다.

아버지가 돌아가시고 한동안 적적해 하시던 어머니는 외출이 잦았다. 친구들과도 자주 어울리고 아버지 묘소도 자주 찾았다. 그때마다 그 신발을 신고 다녔었다. 그러던 중 연세가 들면서 형제들을 찾기 시작했다. 열 손가락 깨물어 아프지 않은 손가락이 있을까. 서울의 작은 언니 집으로 오신 지도 벌써 여러 해가 되었다. 그때 어머니는 가지고 있던 물건들을 정리하였다. 아끼던 옷이며 가방 신발 등을 남에게 주거나 버렸는데 그 신발만은 아직도 가지고 계신 것이다.

어머니의 신발을 보는 순간 눈에선 눈물이 젖어들었다. 어머니는 그 신발 속에 당신이 간직하고 싶은 소중한 순간들을 담아 놓으신 거다. 나와 함께 지냈던 순간들, 건강했던 시절, 그리고 지구를 반 바퀴나 돌아야 하는 곳에 아버지를 모셔놓은 안타까운 마음이 보이는 듯하다. 하늘에 고개를 들지 못하게 하는 것들이 많은 세상이다. 어머니의 신발 앞에 선 나는 망연자실 신고 있는 하이힐만 쳐다보고 있었다. 어머니의 마음을 미처 헤아리지 못한 죄스러움에 차마 고개를 들 수가 없었다. 방울 하나 떨어져 신발을 적셨다.

    * 레지오마리애(Legio Mariae) : 가톨릭교회의 평신도 조직. 성모마리아의 군단이라는 뜻.

수필가, 『문파문학』 수필 등단, 제1회 백교문학상 수상, 한국수필문학회 · 용인문인협회 · 백교문학회 회원

역대 백교문학상 수상자 작품—수필

가방 속에 든 편지

박 서 정

아버지가 돌아가시고 보름째다. 일상에 적응이 되지 않고 자꾸만 아버지의 죽음을 생각하게 된다. 아버지는 분명 백골로 우리 앞에 누워 계셨고 유골은 양지바른 고향 땅 명당자리에 평장되었는데도 쉽게 인정이 되지 않는다. 가라앉지 않는 마음의 소용돌이를 견딜 수 없어, 나는 지금 아버지가 안장된 곳으로 대중교통을 이용해 가고 있다.

살아생전에 아버지는 자식들에게 그다지 존경받는 분이 아니었다. 큰오빠와 관계가 좋지 않아 작은 시골집은 바람 잘 날 없었다. 불만이 쌓이고 불평이 쌓이면서 자식을 원수 대하듯 했고, 오빠는 그런 아버지와 부딪히지 않으려고 집을 멀리했다. 가까이에서 잘못된 상황을 지켜보면서 아버지께 너그러움을 수없이 요구했다. 하지만 그럴 때마다 오히려 호되게 야단을 치며 언성을 높이곤 했다. 아버지의 마음을 왜 읽지 못하느냐는 원망이 비언어적으로도 전달되었지만 아버지의 말씀을 받아들일 수 없어 계속 거부하며 당신의 마음이 빨리 바뀌기만을 바라고 있었다.

다른 아버지들처럼 인자하지 못함을 느끼고 잘못된 상황인식과 둥글지 못한 성격을 여러 차례 느낄 때면 아버지가 문제라는 낙인을 찍으며, 나도 모르게 러시아의 혹한 못지않은 쌀쌀한 딸로 변해 갔다. 자식의 부족함을 품어주지 못하고 저렇게 속마음을 꼭 쏟아내서 못질을 해야 하나 하는 외침이 뿜어져 나와 아버지의 처사가 항상 가시로 남겨졌다. 그 당시 어린 나의 눈에도 아버지의 언행이 올바르지 않다는 결론이 내려질 정도로 일방적이고 가혹했다. 자신의 생각만이 법인 것처럼 남의 조언을 거부하며 아흔하나의 나이까지도 쩌렁쩌렁한 목소리로 자식에게 독침을 쏘아댔다. 많은 연세에도 불구하고 사라지지 않는 서슬에 내 마음은 얼어붙기 일쑤였고 수시로 불끈 솟는 화를 누르며 부자연스럽게 아버지를 대했다.

나이에 장사가 없다고 했던가. 아흔둘이 된 후부터 갑자기 호흡곤란으로 중환자실과 일반병실을 오가며 6개월 동안 자식들의 마음을 태웠다. 갑자기 아버지를 덮친 심혈관질환은 식욕을 감퇴시키고 음식 삼키는 것도 방해했다. 틀니에 의지에 음식을 섭취했던 아버지는 이제 그것마저도 필요 없게 되었다.

병실을 찾으면 힘없는 목소리로 가까이 앉기를 원했고, 나는 그런 마음을 다 안다는 듯이 온기 없는 손을 잡으며 아버지의 건강을 걱정했다. 몇 번 시간을 내어 뵙는 동안 큰오빠는 한 번도 오지 않았다. 그런데 위독함을 전해들은 후에는 급히 병원을 찾아와 5일을 함께 보내면서 풀지 못했던 마음을 서툴게 나누었다고 한다. 늦게나마 다행이라고 기뻐한 것도 잠시, 죽으로 겨우 연명을 하시던 아버지는 결국 세상의 끈을 놓아버렸다.

차창 밖으로 들어오는 10월의 풍경을 다 담지 못하고 병원생활을 하시다 가신 것에 대한 애석한 마음이 사라지지 않는다. 아버지를 떠나보낸 후부터 음식 챙겨 먹는 것도 소홀해지고 삶에 대한 애착도 없어지면서 마음이 공허해졌다. 지금 창밖을 통해 들어오는 것마다 생명의 소중함과 존재에 대한 의미를 부여하는 것도 그런 맥락과 닿아 있을 것이다.

한산한 도로를 달리는 차들을 살피던 중 트럭에 눈길이 머물자 하염없이 눈물이 흐른다. 거기에는 살이 통통하게 오른 돼지들이 가득 실려 도살장으로 이동을 하고 있었다. 이승에서의 삶이 마지막이 될 거라는 생각이 들어 평소와는 다른 감정이 복받쳐 올랐다. 아버지의 목숨이 사라진 것처럼 저 돼지들도 곧 숨이 끊어질 것이라는 생각으로 가득했다. 불쌍한 돼지들은 운전석 쪽으로 머리를 두고 꼬리는 뒤를 따르는 우리 쪽으로 둔 채 차가 움직이는 대로 몸을 맡기고 있었다. 아무것도 할 수 없는 돼지들, 주인이 하라는 대로 자기 목숨을 곧 내놓아야 한다.

아버지도 병원에서 할 수 있는 일은 아무것도 없었을 것이다. 간병인의 손에 몸을 맡기고 의사의 치료를 받으며 저승을 맞이할 준비를 했을 것이다. 자식들의 따뜻한 손길보다 간병인의 의무적인 손길에 얼마나 쓸쓸했을까. 옆에서 하룻밤도 보내지 못한 게 못내 마음에 걸린다. 바쁘다는 핑계로 불편하다는 핑계로 병실을 하루도 지켜주지 못한 불효가 가을의 풍경보다 더 뚜렷이 내 마음에 박힌다.

도로 공사로 인해 고속도로인데도 차들은 속도를 내지 못하고 서행 중이다. 그런데 조금 전까지 눈시울을 붉히게 했던 그 트럭은 이제 보이지 않는다.

나는 다른 사람들에게 들키지 않을 정도의 슬픔을 조절하며 창밖을 계속 주시했다. 옛날에는 보지 못했던 주변의 논들에서 연들이 자라고 있었고 빙 둘러진 둑에는 벽화가 펼쳐져 있었다. 싱싱하고 넓적한 연잎 그림 사이로 하얀 오리가 몇 마리의 새끼를 거느리고 먹이사냥을 하는 모습이었다. 비록 생명이 없는 그림이었지만 내 눈에는 실제 상황으로 각인되고 있었다. 내가 아버지의 죽음을 인정 못하고 있는 것처럼 저 벽화도 그림으로 보이지 않았다. 살아서 움직이는 오리라고 속으로 계속 우겨댔다. 남들 눈에는 고정된 그림이지만 나는 물속을 헤엄치고 자맥질을 하는 오리의 모습으로 받아들이고 있었다.

아버지는 잘 계실까. 그날 한 줌 가루는 허상인 것이다. 내 기억 속에 아버지는 두 발과 두 손을 부지런히 움직이시고 가족을 위해, 들로 산으로 바다로 셀 수 없을 정도로 많은 걸음을 옮기신 분이다. 식사를 하시고 고함을 지르시고 TV 속 인물들의 이름을 외시고 간간이 자식을 걱정하는 마음을 투박하게 내뱉으시던 목소리만 강하게 남아 있다. 먹고 싶은 요리를 부탁하고 헛기침과 함께 맛있다는 말을 아이처럼 전하며 은근히 힘을 주셨던 분이다. 자식들과의 사이는 좋지 않았지만 욕심 없이 도덕적으로 양심적으로 평생을 사셨음을 기억한다.

남에게 마음을 사는 계산된 말은 잘 못했지만 누구보다 솔직하고 진실하셨다. 살아계실 때는 아버지에 대한 불만이 가득해서 좋은 점을 미처 생각 못했는데 지금은 새롭게 줄줄이 이어져 나온다.

고속도로를 지나고 터널을 지나 가로수가 서로 등을 맞댄 좁은 도로가 눈에 들어온다. 이 길을 자주 드나들었어야 했는데 가뭄에 콩 나듯 부족한 자식 노릇을 했었다는 자책이 든다. 돌아가시기 전날에도 마음은 병원으로 향했는데 몸은 어디에 묶인 듯 움직여지지 않았다. 언제나 생각은 행동보다 앞서 병실에서 책을 읽어드리고 말벗이 되어 주고도 싶었다. 그래서 한 번은 이해하기 쉬운 동화책을 가방에 넣어간 적도 있었고 시집을 들고 간 적도 있었다. 하지만 주변 여건상 그런 시간을 갖는 게 쉽지 않았다. 옛날에 아버지께서 즐겨 부르셨던 노래도 불러드리고 싶었지만 그것도 이룰 수 없었다. 마음은 먹었지만 실천이 어려웠다.

장의사가 입관할 때 고인의 귀가 제일 늦게 닫히니 하고 싶은 말을 하라고 했을 때 한 손으로는 손을 잡고 한 손으로는 팔을 쓰다듬으며 평소에 하지 못했던 말을 전하며 오랫동안 울먹였다. 그랬더니 아버지 손이 나의 손을 살짝 잡는 것 같았다. 나는 더욱 그동안 잘못했던 것들을 귀에 대고 고백했다. 그랬더니 조금은 개운해진 듯했지만 완전히 해소되지는 않았다. 그래서 머잖아 아버지 무덤을 찾아 용서를 빌 것이라고 다짐했었다.

지금 내 가방 속에는 아버지께 드릴 편지가 있다. 전달되지 못한 사연들을 아버지가 계신 곳에서 읽어드리고 하늘로 날려 보내기 위해 밤늦게까지 진심을 담아 썼다. 이번에는 누구의 방해도 받지 않고 소원을 풀 것 같다. 도착하면 아버지께 절을 올리고 안부를 여쭌 다음 준비한 글을 다정하게 읽어드릴 것이다. 아무도 없는 그곳에서 풀벌레들을 초대하고 날아가는 새들도 불러들여 못 다한 곡을 할 것이다. 차는 다시 속력을 내고 있고 내 마음은 벌써 그곳에 닿아 있다.

수필가, 2007년 『문학세계』 수필 등단, 저서 : 『숨긴 말을 해』, 2008년 시흥문학상 수필부문 · 제2회 백교문학상 수상, 백교문학회 회원

역대 백교문학상 수상자 작품─수필

두 어머니

최 승 학

사람이 사람으로 완성되기 위해서는 남자와 여자가 사랑으로 맺어진 부부가 되어 가정을 이루어야 한다. 일반적으로 남성과 여성이 하나로 합쳐져야 사람(가정)으로 완성된다고 믿는 것 같다. 그러기에 남성은 여성을, 여성은 남성을 향한 마음의 세계를 사랑의 완성을 위한 설계도대로 가꾸어 나간다. 이 사랑의 마음이 만나 불꽃을 일으켜야 남·여는 비로소 하나가 될 준비를 하게 되는 것이다. 이 시기가 바로 인생에 있어서 가장 생기 발랄한 청춘기이고, 왕성한 의욕을 가지고 미래세계에 대한 탐색을 통하여 배우자를 찾아 사람살이의 첫걸음을 내딛게 되는 것이다.

사람은 부부가 되었을 때 하나의 어머니가 더 생긴다. 지아비는 아내라는 생명체를 세상에 태어나게 한 장모라는 어머니이고, 지어미는 남편이라는 인격체를 빚어놓은 시어머니라는 어머니이다. 그러므로 완성된 사람은 일생 동안 두 어머니를 섬기게 되는 셈이다. 아내를 보다 깊이 있게 이해하려면 장모님을 자세하게 관찰하고 생활습관이나 모든 성향을 파악하면 쉬워진다. 남편을 폭 넓게 알아보려면 시어머니의 성격이나 취미, 기호, 좋아하는 분야를 섬세하게 검토하면 쓸 만한 결과를 얻을 수 있을 것이다. 왜냐하면 어머니의 모든 것들은 그 자녀들의 외모와 내면에 고스란히 전해지기 때문이다. 소위 집안의 문화는 그렇게 부모의 살아가는 양식(樣式)이 전승되는 과정에서 형성되는 것이라고 볼 수 있다.

집안의 문화라 함은 굳이 뼈대 운운하는 대갓집(양반)을 들먹이지 않더라도 한 가정이 이룩한 독특한 삶의 모습이라고 할 수 있다. 집안이 청결하고 잘 정돈되었는가, 어수선하고 흐트러졌는가, 장맛이 이렇다 저렇다 하는 음식 맛의 차이, 일찍 자고 일찍 일어나는지 늦게 자고 늦게 일어나는지, 옷매무새가 소박하느냐 또는 화려하냐의 여부 등에 나타나는 그 집안만이 지니는 독특한 성격이라고 할 것이다.

그러므로 한 가정의 중심인 어머니의 취향에 따라 자연스럽게 나타나는 현상임에 분명하다. 가부장적 봉건사회 조선시대에도 한창 노론 소론 패당의 싸움이 한창일 적에는 여인들 머리의 쪽 짓는 법이나 옷고름 매는 법, 버선코 모양까지도 달랐다고 하니 안방 여인 어머니의 영향력이 얼마나 컸던가를 짐작할 수 있다. 마찬가지로 오늘날도 다를 바 하나 없다. 아내 중심의 가정인가 남편 중심의 가정인가에 따라 그 집안의 일상적 분위기나 구성원들 모습이 사뭇 다름을 알 수 있지 않은가?

요즘 아내를 바라보면서 나를 낳아주신 내 어머니보다 더 문득문득 장모님의 모습을 머릿속으로 떠올린다. 파뿌리보다 하얀 머리칼 색부터 시작하여 자잘한 물결 같이 시간의 숨결을 새기고 있는 주름살이 비슷하고, 말의 속도가 차츰 느려지는 것도 흡사하다고 느껴진다. 가난한 농가에 시집와 세 자매를 낳아 기르며 아들을 두지 못한 한(恨)이 자매만 둔 아내의 경우와 같아 또 그렇고, 약간은 느긋한 장인을 다그치시며 달이 뜰 때까지 김을 매시던 일이, 또한 놀기 좋아하는 나에게 핀잔 한마디 않고 살림 일으키기만 바라보던 아내의 자세와 닮은 그대로다.

한 해도 거르지 않은 누에치기로 – 춘잠(春蠶) 추잠(秋蠶) 일년에 두 번 – 조금씩 조금씩 땅뙈기를 늘려나가시던 일이 또한 그렇다. 뿐만 아니다. 겨울이면 멈추지 않고 옥수수를 고아 옥수수엿을 만들어 시장에 내던 일, 물 한 바가지 허투루 버리지 않는 절약이 자수성가(自手成家)를 이루어낼 수 있었던 것으로 생각된다. 이는 어떻게든 내 집 마련부터 해야겠다는 일념으로 적금이며 보험 등의 통장 수를 늘려가기만 하던 아내의 집념도 친정어머니에게서 물려받은 정신적 유산임에 틀림없는 것 같다.

아버님을 먼저 보내고 아버님이 손수 지으신 초가삼간을 지키시며 외롭고 쓸쓸한 노년을 지내시다가 초록이 짙푸르게 흘러넘치는 신록의 계절에 훨훨 저 세상으로 가신 지 스무 해가 넘었는데도 술 좋아하는 막내사위가 왔다고 만나자마자 술부터 내놓으시던 손길이 아직도 따뜻하게 남아 있는 것처럼 느껴진다. 내 아이들인 손녀들에게 무언가 해주시지 못해 안타까워하시던 모습이 아직도 눈에 선한가 하면, 육류(肉類)를 잡수시지 못해 늘 힘이 없어 보이던 것도 세월이 지날수록 후회를 가져다준다. 위태위태하게 보이던 걸음걸이로 집으로 돌아가는 우리들을 배웅하기 위해 뒤꼍까지 나오셔서 보이지 않을 때까지 손을 흔드시던 하얀 할머니, 아내의 어머니, 장모님의 영상이 기억에서 지워지지 않는다. 아마도 아내의 얼굴과 어머님의 얼굴이 항상 겹쳐져 같게 보이는 연상(聯想)작용 혹은 환영(幻影) 같은 것은 아닐까.

 나를 낳아주신 어머니는 고혈압이 얼마나 무서운 병인가를 알려주셨다. 격동의 시대에 일생을 살아오시면서 인정과 베풂이 있는 적극적인 삶이 어떤 것인가를 보여주셨다. 장모님은 노년의 외로움과 쓸쓸함이 주는 고통을 한마디의 말도 없이 가르쳐 주셨다. 우리나라 고대소설의 결말에 왜 하나 같이 부부는 각기 다른 날에 태어났지만 한날 한시에 삶을 마무리하는 것을 그토록 소망했는지 알 것도 같다.

 '너! 나 되어 보아라!'라는 말이 있다. 내가 어머니의 입장이 되어서야 비로소 어렴풋이나마 그 정황을 알 것 같은데, 이는 철이 늦게 드는 것인가 세상 살피는 소견이 좁아서인가. 세상에 오직 두 분, 이 소중한 두 어머니에 대한 때늦은 회한(悔恨)은 말해 무엇하겠는가? 다만 나도 그분들처럼 구김살 없이 깨끗하게 늙어 곱게 살다가 마침표를 사용하는 것이 그분들을 기리는 일이 되리라는 생각을 갖는다.

시인, 강원 강릉 대오동골 출생, 『한맥문학』 등단, 한국문인협회 회원, 『계간문예』 이사, 『청계문학』 자문위원, 시집 : 『항아리 속 하늘』, 『허튼소리』 외 다수, 한맥문학상 · 제3회 백교문학상 대상 수상, 백교문학회 이사

역대 백교문학상 수상자 작품—수필

부전여전(父傳女傳)

김 순 덕

"빨리 좀 와봐."

"뚝!" 이유를 물어볼 사이도 없이 일방적으로 끊어버린 전화 한 통.

'웬일일까? 무슨 일 있는가?'

평소에 친하게 지내던 형님으로부터 다급한 전화가 걸려왔다. 혼자 사는 분이기 때문에 급한 일이라도 생기면 제일 먼저 부르라 했고, 그럴 때마다 나는 이유를 막론하고 달려가는 습관이 몸에 배인 짓인지도 모른다.

엘리베이터를 기다릴 사이도 없이 계단으로 급하게 뛰어 내려갔다.

"나 여기 있어."

형님은 아무 일 없듯이 우리 아파트 앞에 차를 대기시켜 놓고 태연하게 기다리고 있었다.

"웬일이유? 무슨 일 있어요?"

"그냥 빨리 타~아."

콧노래까지 흥얼대는 여유로운 형님의 말꼬리에서 양치는 소년의 장난끼가 넘실거렸다.

우린 그날 맛있다고 소문난 한 식당으로 들어갔다.

"늘 신세를 지고 살아서 밥 한 끼 대접하려고 급한 척하며 불러냈지. 이유를 붙이면 나오지 않을까봐. 왜! 놀랐어?"

무슨 큰일이라도 생겼나 싶어 놀란 가슴 쓸어내리며 그때서야 형님이 짓궂게 불러낸 이유를 알게 되어 마음이 놓였다. 사람살이는 그렇게 둥글둥글 둥글게 살아가는 법인가보다.

식사를 마치고 나오려는데 내 신발이 짝짝으로 둔갑돼 있었다. 우리가 마지막 손님이라서 다른 손님이 없었는데.

'젠장 요즘도 제 신발을 구분 못하는 등신이 있나? 모처럼 큰 맘 먹고 사신은 새 운동화였는데.'

신발 주인이 나타나면 연락해 달라고 전화번호를 남기고 돌아서면서도 못내 아쉬워 투덜거렸다.

'병신, 등신, 천치.'

누군가가 바꿔 신고 간 사람에게 원망을 쏟아내며 집으로 돌아왔다. 아뿔싸, 그런데 이게 웬일인가. 뒤바뀐 신발 한 짝이 우리 집 현관 앞에 떡하니 너부러져 있지 뭔가.

"어머! 이게 어찌된 일이야. 등신 천치바보가 다른 사람이 아니고 나였었네."

뒤바뀐 한 쪽 신발은 남편의 신발이었다. 남편의 발은 작고 나는 발이 큰 편이라서 크기가 별 차이가 없는 것이 문제가 되었다. 아무리 급해도 신발을 구분 못하고 발이 들어간다고 아무렇게나 신고 나갔던 내 자신이 우습고 바보 같다는 생각이 들자 혼자 얼굴이 화끈거렸다.

문득 아버지 생각이 떠올랐다.

아버지는 마을 가셨다가 술만 취했다 하면 자주 신발을 바꿔 신고 오셨다. 나는 색상이 약간 다른데도 바꿔 신고 버젓이 식당까지 다녀왔는데 아버지가 신발을 바꿔 신고 오시는 것은 어쩌면 당연했을지도 모른다. 예전에는 고무신이 대중화되어 있어서 서민들은 주로 고무신을 즐겨 신었었다. 여자들 흰 코고무신이나 볼이 넓은 남자들의 신발은 크기만 달랐지 생김새는 똑같았기 때문에 신발을 바꿔 신는 일이 비일비재했다.

오래 신은 신발은 누렇게 때가 찌들어 있거나 새로 구입해 신은 신발은 희고 깨끗하기 때문에 자기 신발로 구분할 뿐이지 모양새는 똑같아서 혼돈하기가 쉬웠다.

아버지가 술에 취해 돌아오시는 날은 십중팔구는 신발을 바꿔 신고 오신다.

그런 날이면 내 손안에는 늘 아버지의 신발이 들려져 있었고 온 동네 한 바퀴를 휘돌아 아버지의 신발을 바꿔 오곤 했다.

'무슨 대책이라도 없을까?'

궁리 끝에 좋은 생각이 떠올랐다. 아버지 신발에다가 표시를 해드리면 되겠다는 생각이 떠올랐기 때문이다. 아버지가 쓰시던 면도 날로 신발 콧등에다 X표를 새겨 넣었다.

"아버지! 요 X표만 보면 아버지 신발이라는 것을 아셔야 해요."

"아이구, 그래그래 너 잘 생각했다. 어떻게 그런 궁리가 생겼을까. 우리 딸, 이제는 바꿔 신지 않겠구나."

아버지의 눈꼬리 밑으로 처지던 잔주름 몇 개가 함박이 되어 흐뭇한 웃음꽃으로 피어나고 있었다. 그러잖아도 매일 아버지 신발을 돌로 문질러대며 늘 새 신발처럼 깨끗하게 해드려서 칭찬을 아끼시지 않으셨는데 이런 일로도 아버지를 기쁘게 해드릴 수 있구나, 하는 생각이 들자 무슨 큰일이라도 한 것처럼 어깨가 으쓱해졌다.

한동안 신발을 바꿔 신지 않고 귀가하시는 아버지가 고마웠다. 그러던 어느 날 또 신발을 바꿔 신고 오셨다. 가만히 들여다 보니 분명 X표시가 돼 있는데 희고 찌든 차이만 달랐다.

다음날 술이 깬 아버지에게 왜 또 신발을 바꿔 신으셨냐고 퉁명스럽게 물어보았다.

"분명히 X표를 신고 왔는데"하시며 어리둥절해 하셨다. 그러고 보니 누군가 또 다른 사람도 X표시를 새겨 신고 다니셨던 모양이다. 아버지에게 물어보았다. 어디를 다녀오셨는지, 누구를 만나셨는지, 형사 신문 하듯이 아버지의 출타 근황을 캐물었다.

"모르겠구나. 순곽이 그 친구는 잠깐 왔다 갔고, 시내 소장수도 왔다 갔고, 그날 열댓 명 정도는 모였었는데 누구 신발이지?"

아버지는 흐릿한 기억을 오래된 일처럼 더듬어 내셨다.

두 부부는 마음씨가 좋아 사람 붐비는 것으로 소문난 재옥이 집엔 늘 사람들로 북새통을 이루었다.

'그럼 누구의 신발이란 말인가.'

행방이 묘했다. 몇 집을 돌아다녀도 바뀐 신발은 찾을 수가 없었다.

"내일 모레면 이장 수고비 주는 날인데 그날 사람 많이 모이면 찾을 게다 걱정마라."

오히려 아버지는 태연해 하셨다. 하얗게 씻어다 드린 아버지 신발 한 짝과 때가 꼬질꼬질한 신발 한 짝이 우리 집 댓돌 위에서 서로 상극관계의 사람처럼 어색하게 놓여 있었다. 그렇게 아버지의 신발 한 짝은 하늘로 솟았는지 땅으로 꺼졌는지 행방이 묘한 채 다음 장날 나무 한 짐의 대가를 치루고 결국 새로 구입해서 신으셨다.

이번엔 더 특별하게 XX표로 새겨드려야지. 새 신발 콧등에다가 나는 결국 낯설게 한답시고 X표 하나 더 넣어 XX표로 새겨 넣어드렸다.

"아버지! XX표로 해드렸으니 이젠 잊지 마시고 절대로 바꿔 신지 마세요."

"오냐."

아버지의 대답은 시원한 태평양 바다를 넘나드는 바람결같이 들렸다. 그렇게 다짐하셨어도 가끔 만취하신 날엔 X표든 O표든 상관없이 발에 맞기만 하면 대책 없이 바꿔 신고 오셨다. 그래도 나만이라도 쉽게 찾아올 수 있게 되었으니 다행스러운 일이 었는지도 모른다.

빼곡하게 벗어놓은 신발 속에서도 눈에 쉽게 띄는 XX표는 아버지 신발밖에 없기 때문이다. 가끔 뒤바뀐 신발을 찾으려고 사람들이 많이 모인 곳에 가보면 신발을 보기만 해도 웃음이 절로 나왔다. 신발 콧등에다가 실로 X표를 새겨 넣은 사람, 하물며 불로 지져버린 사람도 있었다. 신발마다 표시가 특색이 있으면 쉽게 찾을 수 있다는 장점을 이용한 것이다.

유난히 뽀얗고 깨끗한 아버지 신발을 보고 부러워하던 분들을 보면 딸 자랑 서슴없이 하시던 우리 아버지. 현관 앞에서 등

신짓한 내 행동을 돌이켜보다 보니 자꾸 아버지 얼굴이 떠올라 눈시울이 붉어진다.

"정이 헤픈 것까지도 즈아부지 닮아서 쯔쯔."

어머니가 늘 말씀하셨듯이 나는 아버지를 닮은 점이 한두 가지가 아니다. 이렇게 신발을 바꿔 신고 버젓이 나들이를 했던 엉뚱한 행동까지도 아버지를 쏙 빼닮았으니.

흐르고 흐르는 세월 속에서 이젠 아버지에 대한 기억이 낡아 버릴만도 한데도 내 마음속에 묻혀 있는 그리움이고 아버지에 대한 진한 향수인지도 모른다.

수필가, 강릉 출생, 『수필문학』 수필 · 『문학마을』 시 등단, 제4회 백교문학상 · 환경부장관 백일장 · 여성가족부 공모전 수상, 백교문학회 회원, 강원도여성문학인회 · 강릉문인협회 회원

역대 백교문학상 수상자 작품—수필

나의 첫 스승

이 옥 경

어렸을 때 나는 깍두기나 섞박지는 물론이려니와 배추김치 갈피에 큼지막하게 썰어 넣은 무쪽도 먹지 않았다. 무로 만든 김치는 모두 다 물렁물렁하거나 설컹거렸다. 무는 다 그런 맛인 줄 알았다. 단단하면서도 아삭한 식감을 좋아했던 내게 무김치는 못 먹을 음식쯤으로 각인됐다. 그래서 우리 집뿐 아니라 다른 집에 가서도 종류 여하를 막론하고 무김치는 아예 입에 댈 생각조차 하지 않았다.

맛이 없기로는 진밥도 마찬가지였다. 어찌된 게 우리 집 밥은 무늬만 밥이지 실상은 죽에 가까울 정도로 늘 질척거렸다. 점심시간에 도시락을 열면 밥은 네모난 도시락 모양 그대로 한 덩어리가 되어 있었다. 그게 싫고 부끄러운 만큼 쌀알이 탱글탱글 살아있는 친구들의 도시락이 부러웠다.

무슨 조화 속인지 된밥이 좋았고, 고두밥은 더 좋았다. 때로 진밥이 싫다며 고개를 외로 꼬고 침묵시위를 하기도 했지만 불면 날아갈 듯 고슬고슬한 밥을 먹을 수 있는 행운의 날은 1년에 두어 번, 할머니와 할아버지가 출타를 하시거나 엄마가 깜빡 실수를 하는 날 뿐이었다.

하여튼 우리 집 음식은 대개 다 물렁하거나 흐물흐물한 게 맛이 없었다. 60~70년대의 밥상을 생각해 보시라. 지금처럼 맛과 영양을 따질 여유가 없던 시절이었음을. 세 끼를 챙겨먹는 것만으로도 감지덕지해야 했던 때였다. 그럼에도 불구하고 투정할 반찬조차도 없는 밥상머리에서 숟가락 방아를 찧을 정도였으니.

이렇듯 40~50년 전의 기억을 떠올리게 된 건 최근 치과치료를 받게 되면서다. 오래 돼서 구멍이 난 어금니의 보철을 뜯어내고, 신경치료를 하고, 다시 씌우기까지는 3주 정도가 걸렸다. 한쪽으로 씹어야 하는 불편함과 함께 이의 소중함이 더 없이 크게 느껴졌던 시간이었다. 딱딱하거나 질긴 음식은 양쪽으로 번갈아가며 씹으면 좋으련만, 멀쩡한 쪽으로만 혹사를 시키다보니 과부하가 걸렸는지 잇몸이 욱신거리기도 하고 간간히 볼 안쪽 살이 깨물어지기도 했다.

정도가 다를 뿐 아직 적응이 안 돼 그런지 불편한 건 보철을 씌우고도 여전하다. 헌데, 이것도 생존본능인가. 나도 모르게 부드러운 음식, 물렁한 음식에 손이 간다. 평소에는 쳐다보지도 않던 무졸임이 그렇고, 질색을 하던 진밥이 그렇다. 그러면서 생각하게 됐다. 어린 시절, 그 맛없던 우리 집 음식의 숨은 내력을.

우리 집은 할아버지와 할머니를 모시고 사는 대가족이었다. 미루어 짐작해 보면 그때 두 분의 연세는 60대 중반쯤. 지금이야 청년이라고 너스레를 떨어도 좋을 나이이지만 그 무렵만 해도 환갑을 넘기면 상노인 취급을 받던 시절이었다. 실제로 우리 할아버지와 할머니도 그랬던 것 같다.

특별히 건강이 안 좋았던 건 아니지만 사과나 배를 숟가락으로 긁어 드셨던 걸로 봐서 두 분 다 이가 부실했던 모양이다. 왜 아니겠는가. 면 소재지라고는 해도 보건소와 약방 하나가 의료 기관의 전부였던 두메산골에서 평생을 살아왔음에야. 죽을병이 아니면 높은 병원 문턱을 넘을 생각조차 하지 못하던 촌로에게 생명과 무관한 치과치료는 먼 나라 이야기였을 터.

거기다가 변변한 칫솔과 치약도 없이 소금으로 문질러 닦는 것이 고작이었으니 너나 없이 이 상태가 좋았을 리 없다. 이가 아픈 건 벌레가 파먹기 때문이라고 했다. 그 벌레를 죽인다고 파 씨를 볶아서 아픈 이에 물고 있거나, 아픈 이를 빼 버리는 것이 '앓던 이 빠진 것처럼 시원한' 최상의 치료 방법이었다. 그렇다고 다시 이를 해 넣었느냐, 아니다. 이가 없으면 잇몸으로 산다는 말이 달리 나왔겠는가. 돈도 없거니와 가고 오고 하루가 꼬박 걸리는 치과를 몇 번씩 드나들 여력 또한 없었을 것이 뻔하다.

아마 우리 할아버지와 할머니도 그랬을 것이다. 그래서 우리 집 음식은 그렇게 맛이 없었던 모양이다. 삶은 무가 맛이 있어 봤자 얼마나 맛있을 것이며, 진밥이 똘똘해 봤자 얼마나 똘똘할 것인가 말이다. 그런데도 엄마는 김장 때마다 큰솥 가득 무를 삶았고, 날마다 진밥을 지으셨다. 그리고 우리는 할아버지를 먼저 떠나보낸 할머니가 84세로 일기를 마칠 때까지 계속 물렁물렁한 무김치와 질척거리는 밥을 먹어야 했다.

최근 효도법 개정안을 두고 찬반 공방이 뜨겁다. 불효자 방지법으로도 불리는 이 안은 이미 완료된 증여에 대해 계약을 해제

할 수 없도록 한 민법을 고쳐서, 부모에게 범죄를 저지르거나 부양 의무를 이행하지 않을 때는 재산 증여를 취소할 수 있도록 규정할 예정이라고 한다. 불효를 할 경우, 자식에게 물려준 재산을 돌려받을 수 있게 한 것이다. 부모의 재산을 모두 써버린 후라도 부모의 요구가 있으면 자식은 이를 다시 뱉어내야 한다.

병든 노모를 위해 엄동설한에 딸기를 구하러 나선 아들의 이야기는 박제가 된 지 오래다. 사랑과 신뢰가 넘쳐야 할 부모자식 사이에 계약서가 필요한 세상이 되었다. 사람의 마음을 법의 잣대로 재는 일이라니…. 안전장치 치고는 참으로 씁쓸하고 부끄럽다.

효성이 지극하면 돌 위에도 풀이 난다고 하지 않던가. 모든 사람의 첫 스승은 부모다. 나의 첫 스승은 아름다웠다. 나의 등을 보고 자라는 자식이 있음을 잊지 말아야겠다.

수필가, 극작가, 1984년 『한국문학』 신인상(수필), 1984년 KBS라디오 단막드라마 당선, 제4회 백교문학상 수상, 한국문인협회 · 백교문학회 · 한국방송작가협회 회원

역대 백교문학상 수상자 작품 – 수필

풋감

황 인 숙

  아침 산책길에 풋감 하나가 발에 채였다. 도시에서는 좀처럼 만나기 어려운 풋감, 슬그머니 주워 깨물어 본다. 떫은맛이 입 안에 가득하다.
  봄이면 가지마다 작은 호롱불 밝히던 감꽃이 어느새 풋감을 가득 달고 시리도록 푸른 하늘을 이고 있다. 감꼭지마다 수많은 눈망울들이 또롱또롱하다.

  처음 시집 사립문을 들어서던 날, 우물곁에 서 있던 감나무는 가지가 늘어지도록 많은 열매를 달고 나를 노려보았다. 시골 생활에 익숙하지 못한 내게, 종가에 팔순의 시할머님이 계시는 시집은 두려움의 극치일 수밖에 없었다.
  더구나 시집에서 보낸 첫 추석 오후, 모두들 친정 간다고 부산한데 출가외인이라며 연휴가 끝날 때까지 이곳에 남아 있으라는 할머님의 엄명은 눈물마저도 카타르시스가 되지 못했다. 산등성이 사이로 얼굴을 내민 보름달을 보며 유년의 고향이 떠올라 우물 곁 감나무에 등걸을 한 채 한없이 가슴을 적셨다. 가을이면 감나무 가지 꺾어다가 벽에 가을을 장식하고 홍시가 될 때까지 바라보던 그 느긋하던 마음은 온데간데없고 멀쩡한 감을 따서 담벼락에 집어던져도 속이 시원하지 않았다.

가슴이 타다가 타다가 긴 강이 되어 흐르는 눈물에 얼룩진 감들은 어떤 것은 부모형제의 얼굴로, 어떤 것은 친구의 얼굴로, 또 어떤 것은 유년의 고향이 되어 내 눈물의 강을 건너고 있었다.

팔순의 연세에 걸맞지 않게 유난히도 당당하셨던 할머님, 내 마음을 아시는지 모르시는지 어두워진 마당에 떨어진 풋감을 주워오라며 서릿발 같은 소리로 나를 부르셨다. 할머님께선 항아리에 풋감을 담아 소금을 뿌린 후 뚜껑을 덮고 며칠 있으면 떫은맛이 우러나고 아주 맛있는 감이 된다며 손수 시연하시면서 연신 내 얼굴을 흘깃흘깃 쳐다보셨다. 미안한 마음이 들어 애써 태연한 척했지만 내 마음은 좀처럼 누그러지지 않았다.

치솟아 오르던 분노와 슬픔의 골도 세월이 흐르고 묵을수록 이제는 진한 그리움으로 아련해지는 것은 무슨 이유일까? 원래부터 감을 별로 좋아하지 않는데다 서러운 감정을 떨치지 못해 풋감 삭힌 것을 먹어보라며 자꾸만 권하시는 할머님의 애절한 마음을 그대로 외면했던 그때의 기억이 지금도 가슴에 응어리가 되어 마음의 문을 두드린다.

아, 내 새댁 시절은 삭히지 않으면 떫어서 먹지 못하는 그야말로 철없는 풋감이었다. 연휴가 끝나고 집으로 돌아오는 저녁, 감이 싫으면 사과 사 먹으라며 꼬깃꼬깃 접어 낡은 만원 지폐 한 장을 속바지 주머니에서 꺼내 내 손에 꼭 쥐어 주시던 할머님의 따스한 체온이 풋감 같았던 마음을 푹 삭힌 지금은 이렇게 새록새록 감꽃을 피우는데….

감꽃을 주워 모아 어두운 눈을 찡그리고 실에 하나하나 꿰어 목걸이 만들어 걸어 주시던 할머님의 모습이 떠오른다.

다섯 번의 가을이 가고 감꽃이 흐드러지게 피던 늦봄, 할머님은 내 사진을 이웃 할머니들께 보여주시며 우리 손부 오면 감꽃 목걸이 만들어 걸어 줄 거라고 그날도 자랑을 하셨다는데 내게 새 감꽃 목걸이 걸어 주시지 못하고 그만 감꽃을 닮은 별이 되셨다. 하지만 할머님은 다시 찾아올 자식을 위해 할머님의 정으로 꽃불을 피워 주신 것일까?

할머님이 계시지 않은 빈집과 돌담은 세월의 무게로 허물어져 가도 우물 곁 감나무는 홀로 남아 그리움의 조각들이 가지마다 열매를 달고 가을이면 나에게 정겨운 미소 한 조각씩 얹어 빨리 오라는 통신을 보낸다.

봄이면 감꽃으로, 여름에는 시원한 그늘을 내어주고, 가을바람에 잎이 모두 떨어져도 서리를 온몸으로 뒤집어 쓸 때까지 생글생글 웃으며 외롭게 늦가을을 지켜주는 홍시로, 이렇게 자신의 전부를 다 바치고도 행복하다고 외치는 감나무, 그것이 바로 할머님의 소박한 사랑법과 닮았음을 이제야 깨닫는 내 마음에 뜨거운 군불을 지핀다.

만들어진 아름다움으로 진정한 아름다움을 잃고 바쁘게 살아가는 도시 사람들에게 감나무는 때로 서두르지 않고 기다림의 인내를 가르쳐 주는 그 어떤 정원수보다도 아름다운 나무일 거라는 생각이 든다.

금방이라도 감나무 아래에서 뚜벅뚜벅 걸어 나오실 것 같은 할머님의 얼굴을 마음의 화폭에 옮기며 나는 떨어진 풋감 몇 개를 주워 주머니에 넣는다.

그 옛날 할머님이 가르쳐 주신 방법대로 풋감을 소금물 항아리에 넣고 푹 삭혀 먹어볼 생각이다. 타인을 향한 나의 떫은맛까지 함께 넣어서 말이다.

시인, 수필가, 시민신문 신춘문예 시 당선, 문경신문 신춘문예 수필 당선, 대구문학 신인상·제5회 백교문학상·철도문학상·대구예술인상·낙강시제 대상·전국한시비공모전 대상·국가보훈처보훈문예대전 최우수상 수상, 산문집:『문패』, 문화예술 창작지원금 수혜, 백교문학회 회원

역대 백교문학상 수상자 작품―수필

엄마는 아버지의 신(神)이었다

이 용 철

아버지와 함께 미사리 산책로를 나왔다. 봄바람이 엄마의 손길 같다. 어린 시절 부모님은 외지(外地)로 장사를 나가시곤 했다. 어둑해질 무렵 집으로 돌아오신 엄마는 동생들 돌보느라 애썼다고 내 머리를 쓰다듬어 주시고 뺨을 어루만져 주셨다. 강가 주변의 풀꽃들도 아버지와 나를 반겨 준다.

아버지와 함께하는 일상. 색으로 본다면 온통 검은색이다. 하지만 산책 나온 오늘은 푸른색이다. 그것은 내 마음 저 미사리 강물에 누웠기 때문이다. 푸른 물결이 고요하다. 적당한 낮잠을 즐기는 것처럼 그러다 슬쩍 일어나 천천히 걷는 것 같은 느낌, 오랜만에 평온하다. 그때 마른 억새가 제멋대로 누운 곳에서 파드닥 꿩 한 마리가 공중으로 솟구친다. 흠칫 놀란 아버지의 표정을 살피며 "아버지 꿩이 아버지를 반기네요. 자주 나오셔서 얼굴을 보여 달라는 것 같은데요." 아버지가 피식 웃으셨다.

"여기는 고골 들어가는 길 아니니?"

"아니요. 여긴 미사리 산책로예요."

그때 휠체어를 탄 할머니와 뒤따르는 할아버지 모습을 보시고 아버지는 아득히 먼 어느 지점에서 돌아오셨다. "여긴 네 엄마랑 자주 운동하러 나온 곳이구나" 하셨다. "네 맞아요. 엄마의 휠체어를 밀면서 자주 오시던 곳이에요."

 엄마가 하늘나라로 가신 지 벌써 일 년이 훌쩍 지났다. 그 후로 아버지와 함께 생활하게 되었다. 엄마가 안 계신 삶. 인정할 수 없으신 것인지 아버지는 충격으로 기억장치가 엉켰다. 옛 기억은 또렷하신 것 같은데 최근 기억은 잊히나 보다. 옷 입기, 씻기, 이 방 저 방 화장실 문조차 못 찾는다. 퍼즐 맞추는 아이만 같다. 집을 낯설어 하는 아버지 모습. 처음 몇 개월은 나 역시 매우 혼란스러웠다. 그때부터 밤과 낮의 구분 없이 숨바꼭질이 시작되었다. 매일 잠을 설치기 일쑤였다.

 어느 날 아버지는 방안에서 매우 심심해하셨다. 할 수 없이 친구분 댁에 모셔다 드리고 잠깐 내 시간을 가질 수 있었다. 그런데 그 집에서 점심을 잡숫고 바지에 똥을 싸는 엄청난 실수를 하신 것이다. 당신의 실수에 아버지 얼굴은 새하얗게 질리셨다. 아버지를 자전거에 태우고 오는 오후 눈부신 햇살 앞에서 갑자기 시야가 몹시 흐릿했다. 참았던 눈물이 아버지 바지를 빨면서 터졌다. '이제 시작인데.' 이를 악문다. 그 뒤로 아버지께 고무줄 바지만 입히게 되었다. 지퍼를 채우는 일과 벨트를 푸는 방법을 수차례 일러드려도 금방 잊어버리시니 어쩔 수가 없다. 더구나 조금만 당황하시면 아버지 머리는 온통 까만 밤이 되셨다.

 류마티스성 염증으로 오랫동안 침대 생활만 하신 엄마. 아버지께서 30년 가까이 곁에서 돌봐드렸다. 그런데 돌이켜보면 엄마가 아버지의 정신적 지주 역할을 하셨다. 어떤 사소한 문제라도 모든 결정은 엄마가 하셨다. 대개 이북이 고향인 분들은 억척스럽고 생활력이 강하며 자존감이 높다고 하던데 아버지는 그렇지 못하셨다. 그저 소박하고 배포(排布)도 없으시고 천성이 착하시어 남에게 퍼주기 좋아하신 분이시다. 그러니 엄마가 몸은 아프시고 얼마나 답답한 생활을 하셨을까, 이제야 알 것 같다. 무력한 아버지에게 엄마는 절대적인 신(神)이었다. 하늘이고, 별이고, 달이었다. 혹은 어느 사찰 문앞에 긴 칼을 들고 서 있는 사대천왕일수도 있겠다. 엄마는 돌아가시기 며칠 전부터 아버지 걱정을 많이 하셨다. 당신이 가시고 나면 아버지는 어떻게 사실 것인가 혼잣말처럼 읊조리셨다. 그렇게 아버지 걱정만 하시다가 그날 밤 하늘나라로 가셨다.

　실속도 없이 이리저리 바쁘기만 했던 나. 과정이 아무리 훌륭했어도 결과 하나 만들지 못한 지난 시간을 아버지를 돌보는 시간 안에서 생각을 정리해 본다. 아버지가 아무리 작아졌어도 내 아버지이고 살아계시니 나는 고아가 아니다. 부모가 늙어서 자식의 속을 썩이면 썩일수록 자식이 성장하는 밑거름이라 하지 않는가. 엄마처럼 아버지께 신적인 존재가 될 수는 없어도 아버지가 내게 믿음을 가지시고 남은 삶 웃으며 살아가셨으면 좋겠다. 미사리 산책로 그늘에 앉아 아버지와 김밥을 먹는다. 적당하게 썰어온 과일 하나를 아버지 입안에 넣어드렸다. 운동하신다고 경중경중 뛰는 아버지 모습. 정말 천진난만하시다. 가방을 챙기고 소리 없이 흐르는 푸른 강물에 내 마음 한없이 눕히고 서서히 일어나 집으로 향한다.

시인, 2008년 『서정문학』 시부문 신인상, 2015년 『계간웹북』 수필부문 신인상 · 제6회 백교문학상 수상, 백교문학회 회원

제7회 백교문학상 수상작품

시
김관식 — 어머니의 키질
조선의 — 주름의 변곡점

수필
최현숙 — 아버지의 일기
이용희 — 초대

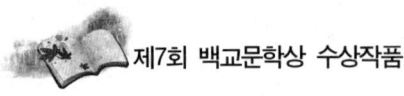 제7회 백교문학상 수상작품

어머니의 키질

김 관 식

    어머니께서는 노을이 질 무렵
    부엌 앞에 키를 들고 나와
    쭉정이와 알곡이 섞여 있는
    곡식들을 키질하셨다

    어머니가 살아오신 지난날
    가슴앓이 같은 붉은 노을에
    가족들의 한 끼 알곡을 받쳐들고
    헐떡거리며 살아온 생애처럼
    까닥까닥 키질해대면

    제 잘났다고
    까불대는 쭉정이들은
    길길이 날뛰며
    키 밖으로 달아났다

    선명하게 드러나는 사랑의 알곡들이
    제 모습을 찾아
    어머니의 가슴으로 다가와서

숨을 죽였다

끝까지 남은 것은 알곡만이 아니었다
어머니의 가슴에 박힌
딱딱한 상처의 응어리로 남은
작은 돌멩이까지 섞여 있었다

눈물을 먹고 살아온 세월
알곡과 함께 섞여 살아온
암 조각처럼 단단한 돌 부스러기들도
말없이
어머니께서는 바가지에 함께 담으셨다

돌은 키질로 걸러낼 수 없는 것을 아시기 때문에
어머니께서는 눈물을 먹고 살아온 돌 조각들을
키질 대신
물에 담가 조리질로 걸러내시곤 하셨다

시인, 전남일보 신춘문예 문학평론 입상, 월간 『아동문예』 동시 천료, 계간 『자유문학』 신인상 시 당선, 저서 : 동시집 『토끼 발자국』 외 11권, 시집 『가루의 힘』 외 2권, 문학평론집 『현대동시인의 시세계-호남편』 외 3권, 전남아동문학가상 · 아동문예작가상 외 다수 수상, 한국문인협회 · 국제펜클럽 한국본부 · 한국자유문인협회 · 백교문학회 회원

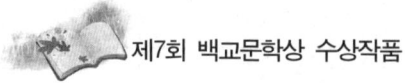 제7회 백교문학상 수상작품

주름의 변곡점

조 선 의

어머니의 흑백사진을 자세히 바라본
그날 밤은 풀벌레 소리도 고요했다
허기처럼 번득이는 고샅길 밭고랑 사이로 어둠이 사무쳤다
주름은 흐르는 세월을 가둬놓은
불면의 늪
뜨는 해를 잡아당겨 마름질할 법도 한데
살아온 날의 기억을 붙잡아 두기 위해
비어 있는 관절 안으로 바람을 꺾어 넣었다
헛기침 소리로 가라앉히는
궁색한 감정은, 다만
주먹밥 한 덩어리의 눈물
이정표 없는 길에서도
대(代)를 이어 꽃을 피웠다
그 곱던 얼굴에
문득 날아든 검버섯이 하나둘 싹을 틔우는 밤
불안한 잠이 뒤척이고

나는 무화과 속처럼 가슴이 먹먹했다
눈대중으로 시침질해도 어긋나지 않았던
어머니의 깃털 같은 삶의 무게가
사막의 블랙홀 되어 남는다
주름의 숨구멍 같은
어머니의 독방(獨房)이 깊다

시인, 본명 조경섭, 군산 출생, 농민신문신춘문예 · 기독신춘문예 시 · 미션21 크리스천신춘문예 시 당선, 전북매일신문 꽃 테마 시 주간 연재, 해산농원 대표, 시집 『당신, 반칙이야』, 야생화 시집 『어쩌면 쓰라린 날은 꽃 피는 동안이다』, 백교문학회 회원

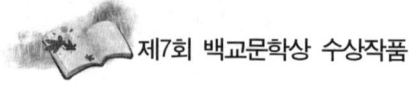
제7회 백교문학상 수상작품

아버지의 일기

최 현 숙

아버지라는 이름은 떠올리기만 해도 애잔하다. 몸도 마음도 허약해 때론 정신줄을 놓고 실성해 버리는 아내와 어린 딸 다섯을 두고 마흔다섯 젊은 나이에 세상을 떠나신 나의 아버지. 병원에서 홀로 고통을 감내하며 남은 가족에 대한 걱정과 안타까움을 가슴에 안고 이별의 말도 나누지 못했는데 어떻게 눈을 감으셨을까?

아버지가 그리울 때면 아버지께서 남긴 일기장을 펼친다. 한 장 한 장 넘길 때마다 낯익은 글씨에서 느껴지는 아버지의 체취 때문에 뭉클하다. 아버지를 생각하면 아쉬운 것이 한두 가지가 아니지만 그중에 하나, 병원에 계실 때 "고맙습니다, 사랑합니다"라는 말을 하지 못한 거다. 그때 아버지는 통증을 가라앉힐 주사바늘을 꽂고 핏기 하나 없이 누운 채로 간신히 호흡만 느리게 할 뿐이었다. 누워 계시던 아버지의 모습을 떠올리면 함께 했던 시간이 추억의 한 컷처럼 소중해진다. 삶의 애환이 녹아있는 가락인 「나그네 설움」을 부르며 고단한 하루를 마치고 술에 취해 비틀비틀 골목길을 들어오시던 봉급날, 아버지의 손에는 빈 도시락, 또 한 손에는 과자봉지가 들려 있었다. 그 과자봉지에는 어린 딸들의 달콤한 기대와 행복도 담겨 있었다. 겨우 초등학교 6학년이었던 내가 정신이상으로 흥분해 온전한 행동을 하지 못하는 어머니를 지키느라 손목시계를 잃어버렸다는 것을 아시고 아버지는 곧바로 새 시계를 사 주셨다. 아픈 어머니 때문에 속상하고 선물로 받은 시계까지 잃어버려 상실감이 컸는데 다시 사 주신 시계에는 아버지의 따뜻한 위로도 함께 손목을 감싸는 것 같아 까닭 모르게 눈물이 어룽어룽 퍼졌던 기억이 아련하다.

고등학교에 입학할 때는 친구 분이 하시는 양화점에서 외상으로 가죽구두를 맞춰 주셨다. 월급날이면 조금씩 나눠 갚겠노라 하고 가져와 구두를 신은 내 발을 바라보시며 흐뭇해 하시던 그 표정은 삶의 신산함을 겪을 때도 내겐 언제나 힘이 되었다. 그런 아버지께 "고맙습니다, 사랑합니다"라는 말을 드리지 못해 아쉽고 죄송하다. 그때는 고등학교 2학년인데도 철이 없어 그랬는지 그런 인사말을 하는 게 어색했고 아버지께 제대로 효도도 못했다. 그 점이 늘 마음에 가시처럼 걸려 있다.

아버지의 일기 속에는 가장으로서의 책임감, 직장인으로서의 고단함, 생활인으로서 살아가는 성실함이 문장 하나하나에 진솔하게 스며 있다. 맡은 직무는 늘 과로를 할 수밖에 없는 상황이라 힘드셨을 것이다. 박월리에서 시내까지 출근하고 다시 강릉시 외곽지역의 복잡한 구역을 맡아 우편물을 배달하기 위해 걷고 또 걷고 하다보면 제때 식사를 못 하시는 날이 많았다. 남들 쉬는 추석에도 배달을 나가야 했고, 영하 15도로 내려가는 추운 겨울 눈보라에 손발이 얼어붙는 듯해도 한 발자국 두 발자국씩 걸어야만 먹고 살 수 있는 직업이라는 것에 대한 푸념도 있었다. 가난 때문에 배우지 못한 한과 후회, 평탄하지 못한 삶에 대한 안타까움도 묻어 있었다. 그래도 고생을 극복해서 성공하는 그날까지 참아보리라는 다짐 속엔 미래에 대한 희망도 움트고 있었다. 또한 직장인으로서의 애환과 고된 근무 상황과 당시의 물가나 서민들의 경제 사정도 담아 놓았다. 생인손을 앓고 있는 아내가 목재소 직원 근무복을 바느질해 품삯을 받아 왔다는 말을 듣고 아내에 대한 연민에 면목이 없어 미안해 했다.

5·16 군사정부가 집권하던 때는 매일 혁명공약을 복창하고 금광리, 언별리, 단경골, 덕현리까지 하루 20리 길도 더 넘게 걸어 다녔던 고된 발걸음의 흔적도 남겨 놓았다.

아버지의 일기엔 당신의 신세에 대한 한숨이 소금꽃처럼 얼룩져 있다. 쌀은 떨어지고 외상도 얻지 못해 감자밥을 먹으며 아내와 함께 눈물을 흘렸다는 부분과 병치레를 하는 아내를 걱정하는 부분에서는 눈시울이 뜨거워졌다. 나는 가끔 아버지가 당신이 지고 가야 할 십자가를 내려놓고 자신의 삶에서 벗어나 보았으면 하는 생각을 하기도 했다. 그것은 성실하고 선량한 사람의 삶 속에 드리워진 그늘에 대한 안타까움 같은 것이기도 했다. 아버지는 병든 아내에 대한 연민과 애정을 가지고 어린 딸들을 위해 안간힘을 쓰셨다. 나는 어머니가 아내로서, 며느리로서, 엄마로서 제 구실을 못했다고 아버지로부터 무시당하거나 학대받는 모습을 보지 못했다.

아버지는 어쩌면 당신 마음을 다잡기 위해 일기를 쓰셨을 것이다. 초등학교 밖에 졸업하지 못한 학력이라 무시당할 때마다 초라해진 자신을 일기장에 털어 놓고 더 열심히 살아갈 힘을 얻으셨을 것이다. 그런데 아버지는 우리 딸들에게 "공부해라. 나처럼 고달프게 살지 않으려면 배워야한다" 이런 말도 하지 않으셨다. 비록 새벽에 나가 어둠을 등에 짊어지고 돌아오는 삶이었지만 당신 발걸음으로 당당하게 벌어서 가족을 부양하셨다. 그런 아버지를 나는 존경한다.

또한 아버지는 일기에서 옛 시절의 풍경은 물론, 넉넉하지 못하던 시절 가장의 무게와 서민들의 삶과 애환, 정직하게 살려고 노력하는 모습, 불의한 것에 대한 분노도 보여주셨다.

아버지의 일기는 내게 한 권의 눈물겨운 시집이다. 아버지는 어린 다섯 딸을 남겨 놓고 일찍 떠나셨지만 어려움을 이겨내고 살아오신 그 강인함이 우리 딸들에게도 대물림되어 힘들었던 세월을 잘 견디게 해 주었다. 오래된 아버지의 일기를 읽으면 환하게 웃으시던 모습도 떠올라 아버지를 다시 만난 듯 반갑다. 그리고 이루 말할 수 없는 벅찬 감정이 가슴으로 쏟아져 내린다. 아버지는 이전에도 그랬던 것처럼 앞으로도 우리 가족 모두의 마음속에 늘 함께 계신다.

수필가, 강원 강릉 출생, 2003년 『수필문학』 등단, 저서 : 수필집 『내 마음의 풍경』, 『모두가 꽃이다』, 다큐동화 『6·25를 아니, 애들아』, 강릉여성문학 사무국장 역임, 강원여성문학상 우수상 수상, 백교문학회 회원

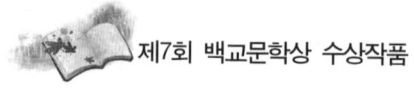
제7회 백교문학상 수상작품

초대

이용희

6월이었다. 사진반에서 출사를 나갔다. 두물머리 주차장이다. 주차비를 내려고 관리소로 다가갔다. 그곳에 머리가 하얗게 세신 고운 할머니가 웃고 계셨다. 주차비를 내는 내게 그 할머니가 말씀하신다.

"어서 와요. 헌데 아직 연꽃이 안 피었어요. 7월에 오면 연꽃을 볼 수 있지요. 그때는 어머니 좀 모시고 와요. 나처럼 어머니도 고생만 많이 하시고 사셨을 텐데 이제는 좀 호강도 하고 예쁜 것도 즐기셔야지. 다음에 올 때 꼭 좀 모시고 와요. 일제강점기에랑 육이오 사변 때랑 얼마나 많은 고생을 하며 살았다구…."

이 말씀에 섬광처럼 내 머리를 지나치는 것이 있었다.

"아! 나에게도 어머니가 계셨지. 그래, 어머니를 모시고 와야지. 어머니를 초대하신 저 할머니께 고생을 함께 하신 그 시대의 친구라고 소개하면 참 기뻐하실 것 같아"하고 생각했다.

초대란 얼마나 아름다운 단어인가. 누군가가 누구인가를 보고 싶다고, 만나자고, 나누고 싶다고, 함께 하자고 부르는 것 그것이 초대가 아닌가. 난 문득 내가 어머니께 생전에 언제 초대라는 것을 해보았나 되새겨 보았다.

　손가락으로 꼽을 수 있을 만큼 몇 번 되지 않았다. 첫 번째의 초대는 간호사가 되는 문으로 들어서던 가관식 날이었다. 어머니는 짧은 가로 줄무늬 스커트 한 장과 레이스 달린 브라우스를 선물로 주시며 축하해 주셨다. 그날 어린 시절의 갖가지 행사와는 달리 참 뿌듯했던 것은 이제 한 성인으로 주인공이 되어 어머니를 행사에 초대할 수 있다는 자랑스러움 때문이었다.

　그 다음 어머니를 초대했던 날도 나는 아름다운 추억으로 기억한다. 내가 서울에서 간호사로 근무하고 있을 때다. 부산에 있는 작은 오빠에게 가시려고 서울을 경유하게 되신 어머니를 초대했다. 마치 임이라도 만나듯 설레었던 그날 난 어머니의 손을 잡고 명동에 갔다. 그곳에서 큼직하고 든든한 찬송가 가방을 하나 사드렸다. 명동을 벗어나오며 어머니의 좋아하시던 모습이 내게는 가방의 무게보다 더 큰 기쁨으로 남았다.

　그 다음 첫 아이의 돌날에 철원에 오셨던 것이 또 한 번의 초대였을 뿐, 저 세상으로 일찍 가신 어머니를 더 이상 초대할 수는 없었다.

　그 후 여러 번의 좋은 날이 있었을 때 나는 어머니를 초대할 수 없어 눈시울이 뜨거워지고 하늘에 계시는 어머니를 그리워만 하고 살았다. 그런데 두물머리의 그 할머니는 나와 어머니의 고리가 되는 천사가 되시어 초대의 말씀을 해주신 것이다.

　사람에게는 때라는 것이 있어서 어느 누구도 그때를 잘 맞추기 어렵고 또 어느 누구도 그때를 기다려주지 않는다고 얘기한다. 이처럼 초대의 시간도 맞추기는 참 어려운 것 같다. 그렇지만 난 특별한 행운의 기회를 얻은 것 같은 설렘으로 하늘나라로 보낼 초대의 글을 쓰기 시작한다.

"어머니, 이 세상에서 당신 이름을 불러본 지 삼십 년이나 지났습니다. 어렵고 힘들고 기쁠 때 때때로 어머니를 부르기는 했었지요. 넘어지는 아기가 지르는 외마디처럼, 예쁜 꽃을 보며 감탄에 못 이겨 외치는 함성처럼, 고통에 겨운 슬픔의 시간 속에서 허우적거리는 신음의 음절처럼 그렇게 어머니를 부르기는 했었습니다.

그렇지만 이제 어머니를 초대하기 위해 제가 부르는 어머니의 이름은 더 없이 간절하고도 애틋합니다. 왜냐하면 어머니가 꼭 제 목소리를 들어야 이 초대에 와 주실 수 있으니까요. 어머니를 모시고 여행 한 번 가보지 못했던 것이 가슴을 아프게 합니다. 좋은 음식, 좋은 옷 한 벌 제대로 해 드리지도 못했던 것을 제게 일깨워 주신 두물머리의 할머니, 그 분이 천상에 초대를 해주시는 천사처럼 느껴집니다. 제 초대가 정말 어머니를 모실 수 있을 것 같아 마음이 설렙니다.

어머니, 연꽃이 피는 칠월은 어머니와 저의 생일 달입니다. 어머니 오시는 길과 오시는 시간을 제가 지키고 있다 뫼시겠습니다. 꼭 한 번 놀러 오세요. 저는 항상 어머니가 계시는 곳은 천국이고 그곳에서 행복하시리라고 믿고 살아갑니다. 그렇지만 이제 너무 오랜 세월이 지났습니다. 이 시간에 당신께서 낳아주신 막내딸이 여유로운 나들이를 함께 하고 싶습니다. 그날엔 어머니가 생전에 좋아하시고 아끼시던 하얀 꽃무늬 수놓인 양산도 꼭 가지고 오세요."

너무 길어지면 아름다운 초대의 글이 아니고 눈물에 젖은 슬픔과 한의 넋두리가 될 것 같다. 그래서 하늘나라로 보내야 할 초대장을 다시 쓴다.

"어머니, 어머니가 이모님 댁에 다니시던 경춘선 열차의 길목 생각나세요? 남한강과 북한강이 만나는 아름다운 곳이지요. 그 두물머리에서 어떤 할머니가 어머니를 초대하셨답니다. 머리가 하얗게 세신 고우신 분이랍니다. 어머니도 함께 지내셨을 그 시절의 이야기꽃을 피우시고 싶으시답니다. 어머니 놀러오세요. 하늘나라에는 예쁘고 좋은 것도 많겠지만 그 할머니의 정성어린 초대가 있었으니 꼭 놀러오세요. 이 여름 아름다운 칠월의 만개한 연꽃을 저랑 함께 보러가세요."

초대는 아름다운 사랑의 표현이다. 시간과 거리를 특히나 이승과 저승을 넘나들 수 있는 경이로운 신비의 표현임을 믿고 싶어 초대의 편지글을 꼭꼭 접는다.

수필가, 춘천 출생, 보건진료소장 정년 퇴임, 2012년 월간 『수필문학』으로 등단, 한국수필문학 추천작가회 · 강원수필 문학회 · 백교문학회 회원, 춘주수필문학회 이사, 가톨릭 문우회 회원, 강원아동문학회 신인작가상 · 서울 지하철 게시글 공모 입상 · 효석백일장 시부문 우수상 · 임윤지당 얼 선양 문예작품 공모전 차상 외 다수 수상

편집후기

2차 편집회의 모습. 시계 반대방향으로 / 권혁승 회장, 최승학 편집위원장, 정철교·박성규 편집위원, 이형기 주간.

- 효(孝)와 사친(思親)을 기본 주제로 한 문학지(연간) 『思親文學』의 창간호에 참여해주신 편집고문, 편집·자문위원, 그리고 무더위 속에도 옥고를 보내주신 77분 필자께 감사의 말씀을 올립니다. 사친문학의 지면을 통해 발표한 저명 문인들과 유명 인사들의 사친과 효심의 글들이 읽는 이의 마음을 움직여 가족사랑과 효심이 충만한 사회가 이룩되기를 기원합니다. 나아가 효사상이 한국의 기본사상으로 더욱 높이 발현되고 해외에도 널리 알려져 사친문학이라는 새로운 문학 장르가 꽃 피우기를 기대합니다.

- 백교문학회가 제정한 제7회 백교문학상 시상식이 10월 7일 오후 2시 강릉시 핸다리마을 사모정(思母亭)공원에서 열립니다. 이날 시상식에서는 확장한 사모정공원 준공식과 확장한 공원을 강릉시에 기증하는 헌정식도 함께 열립니다. 이에 맞춰서 『思親文學』 창간을 축하하는 모임이 되어 더욱 뜻 깊게 느껴집니다.

- 22년만의 폭염이 한반도를 뜨겁게 달구어 숨쉬기조차도 어려운 여름의 한 복판을 지나서 『思親文學』이 고고(呱呱)를 울렸습니다. 발간이 예정보다 늦어진 것은 무더위 탓이 아니라 제7회 백교문학상 수상작품을 게재하기 위해서였습니다. 옥고를 보내주신 필자들의 해량 있으시기를 바랍니다.

- 지난 4월 첫 창간 편집회의를 가진 이후 여러 차례의 편집회의에서 문학인의 사회적 책임에 대한 논의와 함께 사친문학 함양에 역행하는 문화행정 및 비도덕적인 문학을 비판하고 바로잡기 위한 특집을 하자는 의견이 나왔습니다만 창간호에 실리지 못한 아쉬움이 있습니다. 효사상의 세계화로 효의 고장에서 열리는 2018년 동계올림픽이 과연 문화올림픽으로 치뤄낼 수 있을 것인지는 문화행정의 실무책임자들의 자질과 능력에 달려 있다고 봅니다. 문화올림픽을 치른다는 자긍심을 갖고 진력하시기 바랍니다.

- 어버이를 기리는 사친문학이 정립될 수 있도록 앞으로도 효와 사친사상을 주제로 한 훌륭한 작품을 발굴, 사친문학 장르를 새롭게 여는 문학잡지로 자리매김하기 위해 부단히 노력하겠습니다. 나아가 효사상 함양과 세계화로 문화영토도 그만큼 넓어지리라고 기대합니다. 많은 격려와 성원을 바라마지 않습니다. 〈亨〉

사모정공원에는 율곡이 좋아하던 소나무, 배롱나무, 매실나무가 심어져 있다.

백교문학회

고문: 황금찬 김후란 안 영
회장: 권혁승
이사: 최무규(감사) 김진무 박성규 박용래 이부녀 이형기 정철교 최승학
회원: 강지혜 권순근 권순기 권순일 권오만 권지현 권혁희 김경미 김관식 김기덕 김남섭
김박규 김병권 김봉래 김부조 김소희 김순덕 김승경 김승웅 김영렬 김영미 김영민
김영순 김옥란 김윤재 김종국 김종두 김중석 김진동 김진상 김진선 김창달 김초혜
김태실 김형미 라이채 박병윤 박서정 박성훈 박순옥 박일균 박정삼 사공정숙 송무용
신금자 신성철 신정섭 신중식 안익수 엄기원 엄창섭 염돈호 오마리 유지숙 유채연
윤국병 윤수용 윤월희 이강령 이강하 이길원 이민경 이순원 이순학 이영래 이옥경
이용철 이용희 이원용 이재승 이정경 이종승 이종환 이중성 이충희 이희종 장진호
전영구 정석원 정성수 정용재 정원교 정재돈 정정하 정종명 정춘택 조선의 조숙자
조영민 조영수 조중근 지연희 최명희 최봉순 최상태 최서영 최준선 최현숙 한기호
한서경 한영숙 허동욱 홍기삼 홍성암 홍승자 홍일식 황인숙 프랭크 리브 조셉 서더랜드

思親文學

2016년 창간호 · 통권 1호
2016년 10월 7일 발행

발행인 겸 편집인	권혁승
주 간	이형기
편 집 위 원 장	최승학
고 유 번 호	214-80-11786
발 행 처	백교문학회
	서울 서초구 서초중앙로 15, A동 3502호(현대슈퍼빌)
대 표 전 화	발행인 010-5352-5331, 주간 010-2499-0059
	편집위원장 010-3339-3178
팩 스	(02)2055-5332
이 메 일	hskwon-21@hanmail.net
홈 페 이 지	http://m.cafe.daum.net/kimssi279
	사친문학의 요람/백교문학회
계 좌 번 호	하나은행 779-910007-97305(백교문학회)
인 쇄 인	한빛인쇄(128-11-99753)
제작 및 공급처	지성의샘 전화 (02)2285-0711, 팩스 (02)338-2722
정 가	15,000원
ISBN	979-11-85468-50-1 03810

* 파본 및 잘못된 책은 교환해 드립니다.